GOTTFRIED BRUNO RESCH

# Mit Notarztkoffer und Geigenkasten,
## 50 Jahre unterwegs

Kurzgeschichten zwischen Hobby und Beruf

Bibliografische Information
der Deutschen Nationalbibliothek:

Die Deutsche Nationalbibliothek
verzeichnet diese Publikation in
der Deutschen Nationalbibliografie.
Detaillierte bibliografische Daten
sind im Internet über
http://www.d-nb.de abrufbar.

Alle Rechte der Verbreitung,
auch durch Film, Funk und Fernsehen,
fotomechanische Wiedergabe,
Tonträger, elektronische Datenträger
und auszugsweisen Nachdruck,
sind vorbehalten.

© 2020 novum Verlag

ISBN 978-3-95840-932-3
Lektorat: Silvia Zwettler
Umschlagfoto und Innenabbildungen:
Gottfried Bruno Resch
Umschlaggestaltung, Layout & Satz:
novum Verlag

Gedruckt in der Europäischen Union
auf umweltfreundlichem, chlor- und
säurefrei gebleichtem Papier.

**www.novumverlag.com**

# Vorwort

## „50 Jahre mit Notarzttasche und Geigenkasten unterwegs"

Gottfried Bruno Resch war mit 26 Jahren approbierter Arzt. Bald suchte er die Möglichkeit neben seiner fachärztlichen Weiterbildung nach zusätzlicher Erfahrung in einer Allgemeinarztpraxis als Vertreter. Dabei wurde er mit dem kassenärztlichen allgemeinärztlichen Notdienst in der Hansestadt Hamburg konfrontiert, der ihn sein Leben lang nicht mehr losließ. Als Wehrpflichtiger, als Assistenz- und Oberarzt, als leitender Arzt einer Klinik, als Praxisinhaber und schließlich als Pensionär! Bis heute. Er hat mehrere Systeme der Organisation miterlebt, z. B. als anfangs die angeforderten Besuche über die Polizeiwache liefen, „Polizeiarzt" hieß es damals. Zu Hause wurde die Familie eingespannt und nahm die Aufträge entgegen. Von einer öffentlichen Telefonzelle wurden sie abgerufen. Handy? Heute undenkbar, damals unbekannt. Mit eigenem Wagen, ohne Navigationssystem, die Straßenkarte war unverzichtbar. Später der Wechsel zu einem organisierten Funktaxidienst. Eine große Erleichterung. Die Umstellung auf einen professionellen Krankenwagendienst in Hamburg wurde bereits nach seinem Ausscheiden aus dem KV-Notdienst vorgenommen. Eine neue „Heimat" fand er in einem privatärztlichen Hausbesuchsdienst, längst mit eigenem Mobiltelefon und Navigationsgerät. Nun nicht mehr bezirksweise, sondern für ganz Hamburg und Umfeld an den Diensttagen in Bereitschaft. Manchmal waren die weiten Strecken im Berufsverkehr die größte Belastung hatte man, manchmal schwierig genug, einen Parkplatz gefunden, der eingentliche Besuch war dann meistens verantwortliche Routine. Seit seiner Kindheit war die Geige sein Hobby. Zunächst in der Schule, auf Reisen, zu Familienfeiern, öffentlichen Veranstaltungen, Seniorenheimen und gern auch als Straßenmusiker. Mit Gitarrenoder Akkordeonbegleitung hatte er viele schöne Erlebnisse. Nach einem wilden Konzert in Havanna/Kuba wurde seinem Hobby durch eine Erkrankung ein jähes Ende gesetzt. Die vielen Erinnerungen sind geblieben. Einige von ihnen hier niedergeschrieben.

## 800 Jahre Blankenese

Hamburg Blankenese, das war ja nun seit Jahren meine Heimat geworden. Ganz zufällig hatte es sich ergeben. Bevor ich dahin kam, hatte ich die Elbe aus dieser Perspektive noch nie gesehen. Nun fühlte ich mich dort heimisch und vielleicht sogar ein bisschen privilegiert, kannte viele Leute und hatte Freunde. In meiner Praxis war die beste Akustik, mehr oder weniger störte ich kaum jemanden. Eigentlich lag immer ein Instrument griffbereit auf dem Karteischrank und es gehörte zu meiner regelmäßigen Morgengymnastik – vor Beginn der Arbeit –, mich an ein paar Akkorden auszutoben. Es bot sich an, mit Freunden dort mehr oder weniger lautstark Vorbereitungen für manchen Auftritt zu treffen. So entging mir nicht, dass zu einem besonderen Jubiläum dieses beliebten und exklusiven Ortsteiles von Hamburg eine musikalische Ausschreibung in der lokalen Presse erschien. Man suchte kreative Musiker, die an diesem Jubiläum auf einer eigens dafür hergerichteten Bühne vortragen konnten. Nein, so etwas hatte ich noch nie gemacht, aber nun fühlte auch ich mich angesprochen. Warum auch nicht? So eine Gelegenheit würde sich nie wieder ergeben und im stillen Kämmerlein ein bisschen ohne Stress vor sich her dichten und komponieren, das müsste doch zu schaffen sein. Also nur Mut. So schrieb ich einen Lobgesang auf den mir so lieb gewordenen Ortsteil, wohin mich das Schicksal für viele Jahre platziert hatte.

„Verliebt nach Blankenese" nannte ich meine Kreation und begann in aller Stille das Vorhaben zu realisieren. Dies wurde dann immerhin auch für würdig befunden, mit Herzklopfen am 8. 6. 2001 neben 19 anderen kreativen Teilnehmern vorgetragen werden zu können.

### Refrain:

„Wir lieben unsre Hansestadt und sind ja sonst bescheiden.
Nur einen kleinen Unterschied, den wollen wir nicht meiden.
Man gönnt sich ja so wenig in seinem trauten Heim,
doch Hamburg-Blankenese, das soll es dann schon sein."

### Verse:

Wer muss, der fährt zum Hafen, ein andrer hat das Glück,
der hat die Chefetage und Büro mit Alsterblick.
Doch dieser kleine Unterschied, der tut doch keinem weh,
denn abends sind sie alle gleich im Stau auf der Elbchaussee!

Und kommst du auf der Elbe aus fernen Ländern rein,
an Backbord liegt der Süllberg, dann bist du schon fast daheim!
Nur einen kleinen Umweg noch zum Hafen Altona,
nun wieder auf die Elbchaussee und nun bist du endlich da!

An einem Tag im Sommer, es muss ein Sonntag sein,
da trifft sich Blankenese bei Bier, Musik und Wein!
Bei Sonne, Regen ganz egal, zum Klönschnackfestival.
Den folgenschweren Montag vergessen wir dann einmal.

Der eine ist Professor, der andre hat die Mark,
mal knapper und mal besser, mit Hinz und Kunz am Park!
Der Dritte, der ist Kneipenwirt, den weithin jeder kennt.
Doch bist du Blankeneser,
dann bist du prominent!

Am Blankeneser Strandweg mit Ebbe, Flut und Sand,
wer hat denn schon in Hamburg so einen eignen Strand?
Da unten an der Elbe, sind wieder Fische drin,
das mit dem Badewasser, das kriegen wir auch noch hin!

Wenn du es mal spätabends nicht mehr geschafft zurück,
weil unter alten Bäumen am Elbstrand begann dein Glück!
Beim zarten Spiel der Wellen gib den letzten Kuss,
vergiss dann, wo dein Auto steht, zurück kommst du auch zu Fuß!

Es kann ja nun nicht jeder ein Blankeneser sein,
dazu ist Blankenese vielleicht dann doch zu fein.
Doch jedem sei geraten, besucht uns doch einmal,
vielleicht entdeckst du auch für dich dein eigenes Stammlokal!

Wenn auch ein fest zugesagter und eingeplanter Mitsänger kurzfristig abgesagt hatte, mit Akkordeon und Gitarrenbegleitung meiner musikalischen Freunde, abwechselnd mit meiner Violine und mutigem Solo-Gesangsvortrag, ließ sich, moderiert von einem über Hamburgs Grenzen weit hinaus bekannten Kinderliederkomponisten, ein akzeptabler Beitrag neben den 19 anderen Teilnehmern zu der Gesamtveranstaltung abliefern und darbieten.

## Die gemogelte Probezeit

Geige hatte ich schon als Kind gespielt. Die Eltern hatten es so entschieden, da war ja noch ein altes Instrument vom Großvater, den ich leider nie persönlich kennengelernt hatte. Mein Vater begann gegen 14 Uhr seinen Mittagsschlaf. Er hatte es gern, wenn ich in dieser Zeit meine tägliche Pflichtstunde mit der Violine abhielt. Es störte ihn keineswegs, im Gegenteil. Er pflegte in dieser Zeit anzuordnen: „Ich möchte um 15 Uhr geweckt werden." Und diese auferlegte Pflicht war verantwortungsvoll ernst zu nehmen. Nun ist es für einen 10- oder 11- oder 12-Jährigen schon eine Zumutung, jeden Tag diese Prozedur durchzuhalten. 1 Stunde üben, Tonleitern, Etüden und draußen schien die Sonne und spielten die Freunde. Nun hatte ich ja ein Gerät in der Hand, meinen Geigenbogen, womit ich den großen Zeiger der Wohnzimmerpendeluhr gut erreichen konnte und ihn dann gern einmal 5 oder 10 oder ganz mutig auch schon einmal 15 Minuten vorschieben konnte, um damit meine Pflichtzeit etwas abzukürzen. Ein anderes Problem war dann, in einem geeigneten Moment den Zeiger wieder unbemerkt rückwärtszubewegen. Nun, Vater pflegte nach seinem Mittagsschlaf ganz gemütlich eine Tasse Kaffee zu trinken, da schaute man nicht so genau auf die Uhr. Ich entsinne mich nicht einmal, mich einer fatalen Rechtfertigungssituation ausgesetzt zu haben. Ich freute mich über jede gelungene verkürzte Probezeit, die mir durch diesen kleinen Trick gelungen war. Zu dieser Zeit empfand ich mein späteres Hobby noch als schulische Pflicht, die Eltern wollten es so.

## Ärztlicher Notfalldienst

Da hatte ich nun meine Approbationsurkunde. So ganz klar war es mir nicht, was ich beruflich machen wollte. Nachdem ich mich mit einer 3-monatigen Seefahrt als Schiffsarzt belohnt hatte, wollte ich Geld verdienen. Der Bundeswehrdienst, damals obligat, stand mir bevor.

Praxisvertretung, das war's. Ein Kollege, dem ich mich angeboten hatte, der aber eine sehr spezielle proktologische Praxis betrieb, meinte, das wäre sicher zu speziell für einen jungen Kollegen, aber ich könne doch seinen allgemeinärztlichen Notdienst übernehmen. Daran waren viele niedergelassene Kollegen gar nicht interessiert, obwohl das zur kassenärztlichen Pflicht gehörte. Hingegen waren manche jüngeren Klinikärzte gern bereit, solche Dienste zu übernehmen. Es war spannend, praxisnah, lehrreich und man hatte eine verführerisch gute zusätzliche Verdienstmöglichkeit. Ich ließ mir das erklären. Damals noch mit einer selbst zusammengestellten behelfsmäßigen „Arzttasche", aber vollgepfropft mit Universitätswissen und zwei praktischen Jahren an der Klinik hatte ich kein Problem mit dieser für mich völlig neuen Berufsausübung. Endlich ohne Chef und ohne große Arztbriefbürokratie fühlte ich mich bald heimisch. Wir fuhren damals noch mit dem eigenen Auto.

Über die zuständigen Polizeiwachen wurden die Besuche angefordert, zu Hause oder irgendwo saß ein netter Mensch am Telefon, die Oma, Freundin oder sonst wer und schrieb die Besuche auf. Alle wurden eingespannt, wenn man den Besuch von zu Hause machte. Hamburg war damals – glaube ich – in 16 Regionalbezirke eingeteilt und man konnte sich auch in einem Raum auf der entsprechenden Polizeiwache aufhalten und bekam von dort direkt die Einsätze vermittelt. Besonders erlebnisreich waren die Dienste in der Davidswache, der berühmten Station auf der Reeperbahn. Irgendwann kam das Jahr der Wehrpflicht, ich hatte meinen Dienst im Bundeswehrkrankenhaus absolviert, damals noch traditionell als Lazarett bezeichnet, und es stand dem nichts im Wege, auch von dort Notdienste zu fahren, wenn er mit dem Klinikdienst nicht kollidierte. So war ich schon bald ein routinierter Notarzt und behielt diese Nebentätigkeit in allen Stationen meines Arztseins als Hobby bei. Assistenzarzt, Facharzt, leitender Arzt, Praxisarzt und schließlich bis ins hohe Pensionsalter. Natürlich hatte ich längst meine professionelle Arzttasche, die nun zusehends mit mir gealtert war.

## Grenzerfahrungen

Einmal gab es Probleme beim Grenzübertritt. Eigentlich hatte ich eine Geige immer mit mir, wenn ich verreiste. Handgepäck eben, so hatte ich mein Instrument eingeschätzt. Der Gedanke an „Schmuggelgut" war mir nie gekommen. Mich hatte auch nie jemand danach gefragt. Wo hatte ich nicht schon überall Gelegenheit gehabt, in kuriosen Situationen mein Instrument zu spielen. In Dominika, in einer ländlichen Ferienunterkunft, mitten zwischen typisch tropischer Urwaldkulisse. Am Flughafen der Dominikanischen Republik, als sich der Abflug unerwartet verzögert hatte und die Fluggäste gelangweilt auf das erlösende Check-in warteten. Ein besonderes Ereignis hatte ich auch bei meinen häufigen Asienaufenthalten, als ich ganz spontan einer hübschen Marktverkäuferin mit musikalischer Begleitung Gesellschaft leisten durfte und sicher dazu beitrug, lebhaft Kunden anzulocken. Einmal auch in Sri Lanka, am Rande einer vornehmen Veranstaltung, die ich zufällig in dem von mir bewohnten Hotel miterlebte. Die Erlebnisse auf der Insel Ko Samui, in Laos am Mekong, auf der Insel Bali und in Lima/Peru und anderswo hatte ich mit extra Berichten gewürdigt. Aber nun Breslau! – In Breslau, nun längst das polnische Wroclaw, traf ich mich mit einem ukrainischen Freund. Er spielte leidlich das Akkordeon. So weit, so gut. Wir waren 3 Tage in einem Hotel gemeinsam untergekommen. Ein anderer Freund, mit erlebnisreichen Wurzeln in der deutschen Breslauer Zeit, hatte mich begleitet.

Bei der Rückreise wurde ich von einer Zöllnerin vor Grenzübertritt im Zug angesprochen, was ich da hätte. „Meine Geige", erwiderte ich naiv. Sie wolle die Dokumente sehen. „Welche Dokumente?", fragte ich verwundert. Ich hatte nie etwas von einem Geigenpass oder dergleichen gehört und erklärte, dass dieses Instrument ein Erbstück meines Großvaters sei und seit meiner Kindheit in meinem Besitz, ich hätte drauf gelernt und im Übrigen sei es das erste Mal, dass ich an einer Grenze danach gefragt würde. Mein begleitender Freund, auch Hobbymusiker, versuchte assistierend in die sich heftig entwickelnde Diskussion mit einzugreifen, hunderte Male hätte er mich auf diesem Instrument begleitet und er könne bezeugen, dass wir die Geige gemeinsam vor 3 Tagen von Deutschland mitgebracht hätten. Das war gar nicht so einfach, schließlich verstand sie nur gebrochen die deutsche Sprache und wir natürlich hatten von Polnisch keine Ahnung. Sie war aber sehr hartnäckig, ich könne das Instrument jetzt nicht über die Grenze nehmen, ich müsste es hierlassen. Nein, mit so etwas hatte ich ja nun gar nicht gerechnet und wollte es auch nicht wahrhaben. Also ging die versuchte Argumentation weiter. Schließlich meinte sie, dass sie nun ihren Vorgesetzten zu Hilfe holen müsse, und verließ das Abteil. Der Zug setzte sich in Bewegung und so einfach war die Sache dann erledigt. Vielleicht hatte ich sie doch durch meinen leidenschaftlichen Einsatz überzeugt und sie wollte in ihrer Pflichterfüllung ihr Gesicht nicht verlieren.

Jedenfalls löste sich der stressige Knoten unerwartet ohne Nachspiel und ich war um eine Erfahrung reicher. Wie bekommt man einen Geigenpass? Aber das war dann eine nachrangige Angelegenheit. Für diesen Moment durfte ich mein Instrument behalten und ich war erleichtert.

Eine andere stressige Grenzerfahrung ganz anderer Art hatte ich durch eindeutiges Eigenverschulden erlebt. Ich war auf der Rückreise von Laos nach Thailand. Mit kleinen Bussen wurde man über den Grenzfluss Mekong transportiert – „Brücke der Freundschaft!" Und hier hatte ich meine Geige auf dem Rücksitz liegen lassen. Vergessen. Der Bus war längst auf dem Rückweg nach Laos, mit neuen Grenzgängern und internationalen Touristen. Da es Pendelbusse waren, räumte ich mir eine Chance ein und wartete. 15 Minuten hin, 15 Minuten Verladezeit, 15 Minuten zurück. Das war meine Kalkulation. Und tatsächlich, nach einer Stunde kam ein Bus und schon vom Parkplatz aus konnte ich mein Instrument auf der Rückablage erkennen, dort, wo ich es abgelegt hatte. Ich war glücklich.

## Die Geige auf der Insel Ko Samui

Irgendwann hatte mich ein Freund überredet mit nach Thailand zu kommen. Besser gesagt, er hatte mich neugierig gemacht. In den früheren 70er-Jahren war ich schon einmal in Bangkok und anschließend ein paar Tage in Hongkong gewesen. Großstadturlaub, man musste mal dort gewesen sein. Nun aber waren einige Jahre vergangen, an den europäischen Küsten war ich gewesen, und nun die abenteuerlichen Berichte von einer Insel in Thailand, wo man kleine Bungalows am Strand mieten konnte, hatten etwas abenteuerlich Faszinierendes. Der Freund und gute Bekannte flog regelmäßig im Urlaub dorthin und kam immer zufrieden zurück. Es lag nahe, dass er nicht nur mich, sondern auch andere animieren konnte, bald waren wir eine kleine Gruppe und unter seiner sachkundig erfahrenen Führung starteten wir in Hamburg bei klirrender Kälte im Februar. Ko Samui kennt heute jeder Thailandtourist, für mich damals eine völlig neue Entdeckung. OP-Bungalows, er war dort bekannt, als wir von dem beschaulich romantischen Flughafen nach Zwischenlandung in Bangkok abgeholt wurden. Ich hatte mein Instrument natürlich wie immer dabei und es war wie ein gewollter Zufall, dass ausgerechnet neben unserer Anlage ein Nachbarhotelier eine kleine Bühne im Sand aufgebaut hatte, ein Pianist am Originalklavier warb um Sänger zur Unterhaltung der Badegäste am tropischen Strand mit seiner Begleitung. „Everybody can singing, I play." Das empfand ich natürlich wie eine völlig unerwartete Einladung. Nachdem ich sein Repertoire ein bisschen getestet hatte, brachte ich mein Instrument ganz entschlossen am nächsten Abend mit an den Strand, es waren ja nur ein paar Meter, und hatte meinen ganz großen Auftritt vor internationalem Publikum am tropischen Strand von Chaweng auf Ko Samui. Unerwartete Abwechslung für Veranstalter und den engagierten Pianisten. Ich entsinne mich, „Cats" war damals gerade gefragt, neben vielen anderen Ohrwürmern, ich hatte großen Spaß. Mit beiden saß ich dann noch zu später Stunde in lockerer Runde bei ein paar Freibieren beisammen, wir ließen den Abend ausklingen und eine Einladung für die nächste Saison war mir sicher. Das fand ich natürlich als stille Anerkennung und ich war um ein schönes Urlaubserlebnis reicher. Ich habe auf der Urlaubsinsel zwar manche Gitarre gesehen und gehört, nie aber eine Geige.

## „Tante Erna"

So nannte sich eine Kneipe ganz bei mir in der Nähe. Etwas muffig, ein paar viel besessene Stühle, 50er-Jahre-Stil Holztische, ein paar Barhocker am Tresen und 2 Daddelautomaten neben der Toilette. Wechselndes Barpersonal, aber gelegentlich saß Tante Erna an einem der Tische und machte ihre Buchhaltung. Tante Erna war schon damals um die 90, man sprach von der ältesten Kneipiöse Hamburgs. Während des Hochbetriebes hatte sie sich herausgeputzt, blütenweiße Bluse, gepflegte Frisur, Halsschmuck, alles geschmackvoll passend. Für mich war sie eine Ikone, eine Dame einerseits, mit konservativ bürgerlichen Umgangsformen aber gleichzeitig demonstrierte sie den rauen Ton der in einer Kneipe hin und wieder gebraucht wurde. Toleriert wurde dabei ihr allzeit anwesender Schäferhund Terry, der in der Gastwirtschaft manchmal laut bellend zwischen den Gästen umherstrich, aber von allen Anwesenden toleriert wurde. Tante Erna bewohnte mit ihm den hinteren Teil in einer separaten Wohnung und konnte sich so nach Lust und Laune am Geschehen in ihrer Kneipe unter die Gäste mischen und wurde dann auch lebhaft respektvoll umlagert und in Konversationen verwickelt. Höhepunkte gab es jeden 2. Freitag. Sie hatte 2 Musiker fest engagiert, Akkordeon und Gitarre, und es war eine Frage der Zeit, bis ich diese unterhaltsamen Abende entdeckte. Und es war auch eine Frage der Zeit, bis ich mich mit meiner Geige in die kleine Gruppe zumindest unregelmäßig mit einfädeln konnte. Eigentlich war es ja genau mein Stil, und das „fußgängig" ganz bei mir in der Nähe, sodass auch das eine oder andere Freibier kein Hindernis für den Heimweg war. Es wurde zur Gewohnheit und ich freute mich auf die Abende.

Nach der Praxis in die Kneipe.

Der bekannte Sänger „Max Raabe" hatte es mir besonders angetan und seine von mir in Kombination mit meinem Instrument und den neuen Musikfreunden vorgetragenen 20er- und 30er-Jahre Songs kamen gut an und passten ins Milieu. Die Regelmäßigkeit meiner Auftritte hatte auch neugierige Freunde angelockt, die wiederum ihre Bekannten mitbrachten. Und so kam es, dass ein guter Bekannter, der regelmäßig Gast in einem vornehmen Ausflugslokal auf dem Lande war, die Eignerin mitbrachte, um uns vorzustellen. Diese nette Dame hatte wohl Gefallen am hohen Unterhaltungswert unserer lockeren Vorträge gefunden und engagierte uns für mehrere Abende, Martinsgansessen. Erlesene Gäste. Hier ließ sich ganz vortrefflich von Tisch zu Tisch recht unaufdringlich beginnend, aber mit fortschreitender Zeit, als das Interesse am Gänsebraten mehr dem Weingenuss gewichen war, frei nach Schnauze auch etwas frivolere Darbietung der vornehmen Gästeschaft anbieten. Auch Wünsche wurden gern erfüllt. So, wie ich es bei den Zigeunern in Budapest gesehen und gelernt hatte. Mehrere Jahre wurden wir zu diesem Traditionsessen eingeladen, neben der vortrefflichen Bewirtung ein anerkennendes Honorar neben einigen Einladungen von Gästen zu Privatfeiern. Zu gern denke ich an diese Auftritte. Zwei Samtwesten mit hübsch glitzernder Bestickung, ich hatte sie einmal vor Jahren von einem Rumänienurlaub mitgebracht, waren ein angemessenes Outfit und gaben unserem Auftritt einen Hauch von Professionalität.

## Werbefahrt für Tante Erna

Tante Erna! Wer war Tante Erna? Schon andererseits wurde sie erwähnt und gewürdigt. Man sagte, sie sei die älteste Kneipiöse Hamburgs. Ich entsinne mich nicht mehr, wie viele Lenze sie zählte, aber mehrfach über 90. Das war bekannt. Ich hatte mich einer kleinen Gruppe angeschlossen, bestehend aus Akkordeon- und Gitarrespielern, die regelmäßig abends in ihrer Kneipe zur

Unterhaltung auftraten. Da passte ich gut dazu, mit meiner Geige und meiner persönlichen Art zu singen. Sie waren ein eingespieltes nahezu professionelles Team, offiziell engagiert, ich mischte ein bisschen mit. Sie saß gern an einem runden Tisch, umringt von Gästen, die sie verehrten, und erledigte dabei oft ihre Buchhaltung, so, wie es die Zeit zuließ. Tante Erna besaß die elegante Art einer Dame mit reicher Lebenserfahrung, aber sie konnte auch sehr direkt austeilen und zurechtweisen, wenn einer der Gäste zu auffällig oder zu laut war. Mit ihrer schon angekratzten Stimme wirkte das dann eher etwas niedlich und war ja dann wohl auch nicht so ernst gemeint, aber letztlich wurde die alte Dame höflich respektiert. Nun ergab es sich, dass ein Lokalblatt einen Umzug der örtlichen Gewerkschaft ausgeschrieben hatte, einen Corso durch die Straßen des Stadtteiles Eidelstedt in Hamburg. Kindergärten, Schulen, ein Antikladen, sonstige Geschäfte, ein Autoliebhaber für Oldtimer und sonst wer bildeten den bunten Umzug. Der Freundeskreis um Tante Erna, Inhaberin der gleichnamigen Kneipe, hatte da natürlich auch eine Idee, wie man sie mit einfädeln konnte. Ganz neu hatte ich zufällig ein Cabrio angeschafft, und das eignete sich vorzüglich als Umzugswagen. Ein Chauffeur, neben ihm die würdige Greisin und mit Akkordeon und Geige saßen wir zwei Musiker hinten auf dem zurückgeklappten Cabrio-Dach und spielten, was unsere Instrumente hergaben. Ein Plakat, soundso viele Jahre „Tante Erna", schmückte das Auto, originell anzusehen, begleitet von der einzigen Musik des Werbeumzuges gab es dann immerhin auch eine Flasche Champagner als Preisgeld – und ein schönes Foto als gute Erinnerung.

## Der erfolgreiche Staubsaugereinsatz

Was einen bei einem angeforderten Notarztbesuch erwartet, weiß man oft genug nicht genau. Harmlose Befindlichkeitsstörungen werden dramatisch vorgetragen, lebensbedrohliche Situationen werden harmlos eingeschätzt. Es mögen Ausnahmen sein, aber man muss immer mit Überraschungen rechnen.

Ein Besuch wurde angefordert, wohl ohne erkennbare besondere Eile, hatte sich dann aber nach Eintreffen zunehmend dramatisch entwickelt. In diesem Fall gab es keine Vorinformation. Ein älterer Herr saß im Sessel, stützte die Arme an der Lehne auf und rang nach Luft. Schnell wurde klar, hier braute sich etwas Dramatisches zusammen, der Zustand verschlimmerte sich. Keine Zeit für lange ausführliche Befragung und bevor die routinemäßige Untersuchung begonnen wurde, trat ein weißes, schaumiges Sekret aus Mund und Nase und pendelte bei jedem verzweifelten Atemzug hin und her. Dort, wo sich normalerweise ein Luftstrom bewegt, nun dieses beängstigende Hin und Her. In der kurzen Zeit des Überlegens musste eine sinnvolle Entscheidung getroffen werden, das Gesicht verfärbte sich zunehmend zu einer beängstigend blauen Tönung. Ein Luftaustausch war sichtbar nicht mehr möglich, der arme Patient würde an seinem eigenen Schaum ersticken, wenn nicht ganz schnell etwas passierte. Hoch akutes Lungenödem! Natürlich überhäufen sich in einer solchen Situation die Geistesblitze, schnellstens in die Klinik, Injektionsbehandlung mit hochwirksamen Medikamenten, schnelle Organisation eines Krankentransportes. Das Wichtigste aber: Der Patient braucht dringend Luft. Man ist allein, keine helfende Assistenz, bestenfalls eine völlig überforderte Ehefrau, die ängstlich und hochgradig besorgt mühsam in der

Lage ist, ein paar Anordnungen auszuführen. Irgendwas musste schnell passieren. Natürlich hätte man in einer Klinik mit einem funktionsfähigen Sauger und helfenden Händen etwas ausrichten können. Aber wer schleppt schon in der Notarzttasche einen schweren Sauger über die Etagen. Nun aber – einen Staubsauger hat fast jeder Haushalt und ein Tuch oder ein Perlonstrumpf lässt sich im Allgemeinen auch irgendwo auftreiben. Im Nu war aus Staubsauger, Perlonstrumpf zum Abdichten und Harnröhrenkatheter, der zum normalen Rüstzeug der Arzttasche gehört, ein fast perfekter Sauger konstruiert und dem Patienten konnte aus seiner verzweifelten Situation geholfen werden, die Atemwege waren zunächst wieder frei und es war etwas Zeit gewonnen, wichtige Folgeschritte zu gehen. Während der Staubsauger noch surrte und die Luftwege freihielt, hörte man bald die kräftigen Schläge des inzwischen angeforderten Rettungshubschraubers. Die erste helfende Injektion war in der Vene und bald konnte die weitere Behandlung hochqualifizierten Rettungskräften übergeben werden. Da ist die Wohnung plötzlich Zentrum eines Aktionismus von Mitarbeitern eines eingespielten Teams in tollen Uniformen mit kompletter Ausrüstung und routiniertem Ablauf. Nach kurzem Informationsaustausch der wichtigsten Parameter ist man selbst nur noch ein Zuschauer der tröstend der verängstigt besorgen Ehefrau die Hand drücken darf. Es ist schön, zu erfahren, dass man den Patienten mit der Kombination von notfallmäßiger Improvisation und schneller Überführung zu einer perfekten Folgeversorgung das Leben retten konnte.

## Der Arztkoffer als Talisman

Über 50 Jahre war sie mein Begleiter! Man sah es ihr an und eigentlich schämte ich mich allmählich etwas über das verschlissene Behältnis. Farbe war abgestoßen, an vielen Ecken und beweglichen Teilen und Klappen hatte ich sie geflickt und überklebt und das Schloss war gelegentlich im ungünstigen Moment aufgesprungen und hatte mich in peinliche Situationen gebracht. Vor vielen Jahren war sie sogar einmal vom Sattler generalüberholt worden. Das ging nun bestimmt nicht mehr, das Leder war ausgetrocknet, brüchig und die Nähte platzten auseinander. Manchmal, wenn das Gespräch darauf kam, pflegte ich zu sagen: „Was die schon alles erlebt hat, wenn die erzählen könnte!" Und dann fiel mir die eine oder andere Anekdote ein. Ein bisschen versuchte ich mich auch damit zu entschuldigen, weil es fast so schien, als könne ich mir keinen anderen Arztkoffer leisten. Dann machten mir meine Patienten wieder Mut und spra-

chen von einer so nostalgischen Arzttasche, sie sei doch sicher ein Talisman für mich geworden, die ich auf jeden Fall weiter benutzen solle. Zweifellos überkam mich ein Gefühl von Aberglaube, als ich mich dann doch eines Tages für ein neues Objekt entschieden hatte. Würde alles gut gehen beim nächsten Besuch? 17 Uhr, es wurde dunkel. Strömender Regen und das Navigationsgerät offerierte mehr als 40 Kilometer. Hauptverkehrszeit. „Mein Sohn hat hohes Fieber", sie sei schon beim Kinderarzt gewesen, aber die Medikamente würden nicht helfen. Ich fuhr los, erstmalig ohne meinen treuen langjährigen Begleiter, ich hatte ja meine Tasche schon umgepackt. Zu dieser Zeit Stau, Stau, Stau. Und irgendwann merkte ich, dass mein Navigationsgerät mich in eine völlig abwegige Gegend geführt hatte. Weshalb auch immer. Zurück, Änderung der Route. Schließlich kam ich nach den Straßenschildern dem Ziel sehr nahe. Aber was war das? Plötzlich Vollsperrung der Straße. Kein Umleitungshinweis. Ja, was nun? Völlig fremde Gegend, man sieht nur blendende Lichter von vorn und von hinten. Und es regnet. Inzwischen ist es stockdunkel. Ich rief bei dem Adressaten an. Der kannte als Ortskundiger das Problem und meinte, dass ich zurückfahren müsse, über diese und jene Straße und Kreuzung und Abzweigung. Hier käme ich nicht weiter. Natürlich konnte das nicht funktionieren, Straßenschilder konnte man ohnehin nicht erkennen, wo überhaupt anhalten, Gehupe, wenn man langsam fuhr, alles bei Dunkelheit und strömendem Regen. Eine Tankstelle, irgendwo im Unbekannten war ein Orientierungspunkt und ich konnte in Ruhe anhalten. Polizei! Ich bat um Hilfe, vielleicht ein freundlicher Lotsendienst, hoffte ich. Die dachten gar nicht daran. Immerhin stellten sie fest, ich sei nahe am Ziel. Nun rief ich erneut den Vater des Kindes an, inzwischen waren ja mehr als 2 Stunden vergangen. Nach einer weiteren Viertelstunde Wartezeit an der Tankstelle holte er mich ab. Ich nahm meine nagelneue Tasche aus dem Kofferraum und stieg zu ihm ins Auto. Zu Hause angekommen sprang mir ein fröhliches Kind entgegen: „Mir geht es schon viel besser, eigentlich brauche ich gar keinen Arzt mehr!" Die Mutter meinte noch

ergänzend: „Die Wadenwickel müssen wohl geholfen haben."
Na gut, immer schön, wenn es einem Kind gut geht, aber ich dachte ein bisschen an meinen Talisman, vielleicht sollte ich die Tasche doch wieder umpacken.

## Kürzeste Konsultation

Anruf von der Zentrale, Sonntagsbesuch, eine Patientin hätte „Thoraxschmerzen" und „Atemnot".

Kurz hatte man überlegt, ob man nicht gleich einen Notarztwagen schicken sollte.

Personalien werden durchgegeben, ich rufe die Patientin an und frage nach ihrem Problem.

Sie, offenbar schon in einer Apotheke von einer verantwortlichen Beraterin zu einer ärztlichen Inanspruchnahme aufgefordert, meinte auf meine selbstverständliche Frage nach ihrem Anliegen und Gesundheitszustand: „Überall werde ich gefragt, dabei wollte ich doch nur einen Hustensaft."

Und dann fügte sie noch demonstrativ hinzu: „Nein, so kommen wir nicht zusammen, nein, so nicht." Das war's!

## Ein Hanseat als ungarischer Primas

Es war die Zeit nach der politischen Wende in den Neunzigerjahren. Ich kannte viele Exilpolen. Und die konnten feiern. Sie pflegten sich gern zu treffen, und wenn man in diesen Kreisen bekannt war, wurde man gern gesehen und integriert. Musikalisch, unterhaltsam, künstlerisch orientiert traf man sich gern.

Sie hatten ja alle ihre Heimat verlassen und mit dem kommunistischen System gebrochen, vielleicht ein paar bürokratische Notwendigkeiten brachten sie notgedrungen zur Botschaft oder auf das Konsulat. Nun aber hatten sie so etwas wie eine neue Heimat gefunden, sie waren befreundet mit den Konsulatsangehörigen und feierten gern gemeinsam, wenn es einen Anlass gab. Zu einem Nationalfeiertag traf man sich im Garten des Botschaftsgeländes und ich war mit meinem ungarischen Freund eingeladen. Offenbar gefielen wir einem auffällig aufwändig gekleideten Herrn in einer ungarischen Fantasie-Uniform. Wie sich später herausstellte, war es der ungarische Honorarkonsul, der als besonderer Ehrengast geladen war. Unsere Gasteinlagen mit Akkordeon und meiner Geige mit viel ungarischer Musik schienen ihn beeindruckt zu haben. Jedenfalls kam Wochen danach eine Anfrage, ob wir nicht in den Räumen seiner Frau, die in Hamburg ein edles Luxusmöbelgeschäft betrieb, eben dort zu einer ungarischen Nationalfeier die musikalische Ausstattung übernehmen wollten. Das war natürlich eine ganz hervorragende Ehre für mich, ich als Hamburger Hobbymusiker wurde für würdig befunden einen ungarischen Primas zu spielen! Nun gut, an der Seite meines lieben hochverehrten Freundes am Akkordeon, der nicht nur ein perfekter Musiker, sondern auch Ungar war und genau mein Repertoire kannte, mit ihm würde ich es wagen. Der große Abend kam und begann schon mit einem Malheur. Er glaubte, ich hätte sein Instrument für ihn im Auto mitgebracht. Daran hatte ich nicht gedacht. Jedenfalls war kein Akkordeon da, wir mussten zurück. Peinlich, aber mit einer Stunde Verzögerung traten wir dann in die ganz große Gesellschaft ein. Konsuln aus vielen Ländern, hochrangige Offiziere, reiche bedeutende Geschäftsleute und natürlich die Presse. Wir bewegten uns zwischen den hochrangigen Gästen und zauberten dezent und angemessen unsere Melodien. Nicht aufdringlich, mit leichten höflich übertriebenen Verbeugungen, mal nach rechts, mal nach links, immer auf respektvolle Distanz bedacht, genoss ich die Rolle, einen Lakaien in vornehmster Gesellschaft spielen zu dürfen. Ein bisschen kam ich mir vor wie ein Schauspieler im ganz großen Film. An verschiedenen Ecken waren Köstlichkeiten auf edlem Porzellan bereitgestellt und Champagner wurde gereicht. Das alles hatte uns ja nicht zu interessieren, bis dann doch irgendwann der Hausherr und verehrte Konsul uns persönlich mit den jovialen gönnerhaften Worten aufforderte: „Die Herren können dann auch gern einmal ein Häppchen zu sich nehmen." Das taten wir natürlich gern. Als wir uns irgendwo hinsetzten, ausgestattet mit unserem Luxusteller, schienen wir doch nicht den richtigen Platz eingenommen zu haben, denn es folgte sogleich die Anweisung: „Die Herren wollten doch bestimmt gerade Platz machen." Es hatte sich wohl irgendein hochrangiger Gast in unsere Richtung begeben und einen Platz gesucht. Irgendwann ging der Abend in dieser superfeinen Gesellschaft zu Ende … schade! Ein ganz neues Erlebnis, Lakai in einer sehr vornehmen Gesellschaft. So muss es am Hofe zugehen, dachte ich.

## „Kollegensohn"

Es war einer dieser Notdienste, bei denen man vorher nie wusste, zu welcher Situation man gerufen wurde. Man hatte die Adresse und wurde dort vom Funktaxi abgesetzt. Mehrfamilienhaus im 2. Stock. Ein älterer Herr öffnete die Tür und empfing mich mit der Frage: „Sind Sie Gynäkologe?" Eigenartige, ungewöhnliche Begrüßung, dachte ich. „Wir sind alle Ärzte, was haben Sie denn?"

Er: „Sie hat etwas an der Brust." Dabei führte er mich zu einer durchaus auffällig jüngeren Frau und demonstrierte auch gleich eine lebhafte Palpation am lebenden Objekt, was ich wiederum etwas seltsam empfand. Sie machte einen verschüchterten, verlegenen Eindruck, ließ die Aktion aber ohne erkennbar deutlichen Widerstand über sich ergehen. Ich fragte ihn, in welchem Verhältnis er zu der Dame stehe. Er sei verantwortlich für sie und so etwas wie ein Vormund. Sie verfolgte diesen kurzen Dialog etwas missmutig und murmelte dann schüchtern vor sich hin: „Vormund? Lustmolch!" Ich bat nun den eigenartigen Herrn uns einmal allein zu lassen, ich würde die Patientin gern allein untersuchen. Widerwillig folgte er meinem Wunsch und ich konnte eigentlich nichts Auffälliges bei der Patientin feststellen. Die junge Dame zu dem eigenartigen Verhältnis zu befragen hatte ich unterlassen, das war nun vielleicht auch nicht unbedingt meine Aufgabe, wenn sie bedrängt wurde. Draußen erwartete mich dann ungeduldig der selbsternannte „Vormund" fast etwas vorwurfsvoll, weil ich ihn aus dem Schlafzimmer gebeten hatte, und fragte: „Was hat sie denn nun, Herr Doktor?" Das möge sie ihm selbst erzählen, meinte ich etwas zurückweisend. Worauf er sich recht vertraulich gebärdete, fast so, als müsse er ein Geheimnis verraten: „Ich bin nämlich Kollegensohn." Nun, deshalb glaubte er das Recht zu haben, sich auf kollegiale Weise ohne Respekt vor einer Privatsphäre austauschen zu dürfen. „Kollegensohn …" Als ich unter meinen wirklichen Kollegen am nächsten Tag in der Klinik von dem eigenartigen Erlebnis erzählte, wurde der Begriff in den allgemeinen interkollegialen Wortschatz aufgenommen und immer, wenn ein neunmalkluger Angehöriger zu aufdringlich alles besser wusste, dann reichte der diskrete Hinweis: „Kollegensohn." Weitere Erklärungen, eine solche Situation zu kommentieren, waren dann überflüssig. Jeder wusste, was gemeint war.

## Die wertgesteigerte Geige

Was ist eigentlich eine Geige wert? Gar nicht so einfach. Bei Amazon kann man Geigen mit Saiten bespannt, mit Kasten und Bogen für unter 100 Euro bestellen. „Made in China." Man kann darauf spielen, ohne Weiteres. Und dann gibt es solche Namen wie Stradivarius, Amati, Guerini! Selbst Laien wissen, dass sich da Millionenbeträge verbergen. Aus 15 Metern Entfernung sehen sie alle gleich aus. Was gibt es nun für Unterschiede, die solche astronomischen Preisunterschiede rechtfertigen? Nun, es gibt dicke Bücher und es gibt selbsternannte, halbprofessionelle und professionelle Gutachter, die für viel Geld eine Wertschätzung vornehmen und mit ihrer Unterschrift bezeugen. Es gibt aber sicher auch eine Geigenmafia, die hier kräftig mitmischt. Und das mag vom Geigenlehrer, eher im niederen Preissegment, bis zu professionellen Händlern gehen, bei so viel Subjektivität kann das nicht anders sein. Zur Zeit der politischen Wende in Europa war man scharf auf Valuta, man konnte frei reisen und sehnte sich nach ein paar D-Mark in der Tasche. So verkaufte mir ein ungarischer Primas, er hatte vorher in einem großen Hamburger Hotel einen bezaubernden ungarischen Abend mit ausgestattet, seine Geige für 200 DM. Er hatte wunderbar damit gespielt und für 200 DM konnte ich ja nicht viel falsch machen. Diese Geige hatte ich in meiner Wohnung deponiert, aber eines Tages war der Geigenhals mit dem Saitengriffbrett an der Nahtstelle abgebrochen, warum auch immer. Ein guter Freund, Profigeiger, sah sie bei einem gelegentlichen Besuch und mein Kommentar dazu war, es würde sich wohl nicht lohnen, sie für viel Geld reparieren zu lassen, sie habe ohnehin nur 200 DM gekostet. Er wollte sie unbedingt mitnehmen und mit seinem Geigenbauer sprechen. Dann rief er mich irgendwann an, es sei eine wertvolle Geige, man schätzte sie auf um die 10.000 Euro! Die Währung hatte inzwischen gewechselt. Unter diesen Umständen lohnte sich für mich die Reparatur, ich bekam eine Expertise und so wurde aus meiner 200 DM-Geige eine 10.000 Euro-Violine! Aber ich hatte auch noch ein anderes Erlebnis um den Wert einer Geige. Dies in einem anderen Beitrag.

## Die Fahrt auf dem Mekong

Eigentlich hatte ich mir angewöhnt, die Geige auf all meinen Urlaubsreisen mitzunehmen. Sei es, um mehr oder weniger langweilige Stunden zu überbrücken, schöne Melodien hatte ich ja immer im Kopf und die mussten gepflegt werden oder sei es, dass sich auch eine Möglichkeit der musikalischen Beteiligung, welcher Art auch immer, ergab. So hatte ich schon auf dem Flughafen der Dominikanischen Republik wartende Fluggäste ganz spontan unterhalten, in einem Hotel in Sri Lanka ganz spontan oder noch zu DDR-Zeiten zu später Stunde in einer Silvesternacht in einem Interhotel die Gelegenheit gehabt, mich musikalisch einzubringen. Höhepunkte waren auch Situationen, ich muss gestehen, ein paar Bier halfen mir dabei, den Mut zu finden, von manchem ungarischen Primas die Geige zu erbitten, um dann meine Kenntnis von ungarischem Csárdás oder Rubato mit original ungarischer Cimbalbegleitung zu demonstrieren. Eine besondere Situation im fernen Asien: Bei einem Thailandbesuch hatte ich es einmal über die Grenze nach Laos geschafft. Beim Bummeln am Mekong, dem Grenzfluss zu Thailand, fiel mir eine Strandbar auf, da standen 2 Gitarren auf Ständern. Ich hatte gefragt, wann denn mit Musik zu rechnen sei und ich erschien als interessierter Gast pünktlich zum Termin. Musiker merken sofort, wenn ein Gast ein besonderes Interesse zeigt, und so fiel es nicht schwer, bald Kontakt mit der kleinen Gruppe aufzunehmen. Kurzerhand hatte ich die 2 Musiker am nächsten Tag in mein Hotel eingeladen und nach ein paar gegenseitigen Abtastungen hatten wir ein gemeinsames Programm zusammengestellt.

Nun gehört ja in Asien eine Geige nicht unbedingt zur Routinebesetzung. Ich glaubte schon eine gewisse Aufmerksamkeit zu erregen, besonders von einer thailändischen Touristengruppe, sodass diese mich zu einer anschließenden Bootsfahrt auf dem Mekong einluden. Immer auf der Suche nach Abenteuern oder Kontakten nahm ich die spontane Einladung auch gern an und hatte wirklich ein wunderschönes, spontanes Erlebnis, dank meiner Geige, eine spontane Bootsfahrt auf dem Mekong.

## Der verwechselte Auftrittsort

Irgendwann war ich mutig genug, meine Musik für Familienfeiern, Geburtstage oder sonstige Festlichkeiten anzubieten. An der Seite eines perfekten Musikers, sei es Klavier, Akkordeon oder Gitarre, fühlte ich mich sicher. Zu diesem Zwecke hatte ich auf der Rückseite meiner Visitenkarte einen Werbevers aufgebracht: „Musikalische Einlagen unter ärztlicher Leitung, nur privat, ohne Kassen, von Hand gemacht, mit echten kleinen Fehlern, Musik für Herz und Gemüt, temperamentvoll oder besinnlich zum Träumen. Nach Absprache für Familienfeiern privat oder auch gern in Restaurants." So hatte ich gute Aufträge, von denen ja immer auch meine musikalische Begleitung profitierte und auf die ich heute zu gern zurückblicke.

Da war ein Herr, seine Mutter hatte länger in Wien gelebt, und er wollte ihr zum 70. Geburtstag eine musikalische Freude machen. Mit Wiener Schmankerln. Das war ja gerade das Richtige für uns und ich nahm den Auftrag gern an. Ein Termin wurde in einem Lüneburger Restaurant vereinbart. Absprache mit Georg. Wir wollten uns am Bahnhof in Lüneburg treffen. Der Termin kam, aber kein Georg kam. Nach 15 Minuten wird man nervös. Nach 30 Minuten wird man sehr nervös. Schließlich hatte ich ja den Vertrag abgeschlossen und man hatte uns ja fest eingeplant. Ehrencodex. Zu dieser Zeit gab es noch kein Handy. Zu Hause sein Sohn, immerhin mit dem Münzfernsprecher erreichbar, meinte, Vater sei schon lange weggegangen und wolle sich mit mir treffen. Was war passiert? Inzwischen hatte er sich bei seinem Sohn gemeldet. Er hatte Lüneburg mit Lübeck verwechselt und wartete dort genauso verzweifelt auf mich. Ich saß inzwischen im Vorraum des Restaurants und wartete auf meinen Einsatz. Peinlich, allein mit der Geige. Etwas mager und ich hätte mich auch etwas überfordert gefühlt. Es wäre mir höchst peinlich gewesen. Aber ich hätte gemusst. Zum Glück war nun auch für ihn unter Vermittlung seines Sohnes am heimischen Telefon der Irrtum aufgeklärt worden. Ich hatte die Anweisung gegeben, wenn der Vater anruft, möge er sich sofort in ein Taxi setzen, koste es, was es wolle, und schleunigst nach Lüneburg fahren. Mit feuchten Händen und Schweißperlen auf der Stirn wartete ich ungeduldig, mit klopfendem Herzen. In letzter Minute kam Georg durch die Flügeltür des Hotels. „Wie viel?", fragte ich nur. Ich glaube, das Taxi kostete ungefähr meine vereinbarten Tantieme! Egal, der Abend war gerettet, ein Stein vom Herzen ... aber wirklich!

## Der große, schwarze Hund

Besuch, nachts, keine gute Wohngegend, Mehrfamilienhaus, 1. Stock. Keinerlei Vorinformation. Schon beim Betreten des Treppenhauses vor der Wohnung merkt man, tiefstes sozial problematisches Umfeld. Die Klingel funktioniert nicht. Man klopft. Die Tür wird geöffnet. Kein elektrisches Licht, immerhin eine Kerze auf dem Tisch. Der Mann ... betrunken: „Meiner Frau geht es schlecht." Sie liegt im verwahrlosten Bett, Eisengestell. Alles im Halbdunkel. Bisher wäre es ja eine ganz normale Variation eines Notfallbesuches gewesen. Aber: Ein großer schwarzer Hund, die Halskette am Bettpfosten fixiert, sprang bellend und schnaufend an einem hoch, wenn man sich dem Bett näherte. Wie würde er sich in dieser nervösen Umgebung verhalten? Herrchen betrunken, Frauchen offenbar von Schlaftabletten im Halbrausch. „Bitte halten Sie den Hund fest, so kann ich Ihre Frau doch nicht untersuchen." Da hatte ich mich aber gründlich verschätzt. Er nahm das Bett an einer Ecke hoch, sodass das Tier nun völlig frei im Zimmer umhersprang, fletschend, knurrend, beängstigend. Er war wohl nicht in der Lage, die Situation richtig einzuschätzen, außerdem zu betrunken, um sie zu beherrschen. Verzweifelt versuchte ich die im Halbdunkel an mir hochspringende Bestie mit der Arzttasche abzuwehren, was anderes hatte ich ja nicht in der Hand. Nein, so konnte ich nicht arbeiten. Hier war nur Flucht angesagt. Zu guter Letzt, als ich endlich die Tür erreichte, hatte ich nur die gelöste Klinke in der Hand. Irgendein Splint fehlte. Die Tür ließ sich nun vorerst gar nicht mehr öffnen. Irgendwie hatte ich es dann doch geschafft, wieder in Freiheit zu kommen. Mit dem losen Türgriff in der Hand. Ein improvisiertes Kunststück. Die ganze Aktion musste dann erst einmal als unvollendet gemeldet werden. Das war dann etwas für die Polizei oder die Feuerwehr oder meinetwegen für das Veterinäramt! Ich war froh, wenn auch unverrichteter Dinge, wieder in Freiheit zu sein. Es ist dann nicht möglich, so einen Katastrophenbesuch abzurechnen. Kommt eben vor.

# 7

Vorsicht, ein dramatischer Fall!

Vor vielen Jahren wurde der Notarzt über die Polizei vermittelt und man fuhr mit dem eigenen Auto die vermittelten Besuche, die auf seinen privaten Hausanschluss durchgegeben wurden. Da saß die Ehefrau, Schwiegermutter oder Oma am Telefon und schrieb die Adressen auf, vermittelt durch die Polizei. Die Einsatzbereitschaft begann um 19 Uhr und endete um 7 Uhr morgens. Als junger Arzt schaffte man das schon, selbst wenn man nur stundenweise schlafen konnte, morgens, meist so gegen 8 Uhr, den üblichen Krankenhausdienst anzutreten. Hier stand man unter Vertrag, den Notdienst machte man freiwillig, man konnte ja Erfahrungen sammeln und für einen jungen Gehaltsempfänger war es ein attraktives Zusatzeinkommen. Nur musste man eben zusehen, dass man dann auch pünktlich seinen Klinikdienst antreten konnte.

Ein dramatisch makabrer Fall begann in den Morgenstunden so gegen 6:30. Ein Anruf zu einer Zeit, zu der man sich noch in den Kissen von den vorherigen Einsätzen der vergangenen Nacht im Schlaf zu wälzen wünschte. Einsatz. Man musste los, nun gut, bis zum Dienstantritt in der Klinik waren ja auch noch 1 ½ Stunden Zeit. Das musste eigentlich reichen. Ein Altbau, Mehrfamilienhaus in Altona, schwierige Parkplatzsuche, auch schon damals in solchen Wohngebieten immer ein Problem. Eine Wendeltreppe führte zum 1. Stock. „Meiner Mutter geht es schlecht", meinte eine Frau mittleren Alters, als sie die Wohnungstür öffnete. Kleiner enger Flur, kleines enges Schlafzimmer. Auf einem breiten Bett jammerte die Patientin. Ein Fleischberg von vielleicht 150 kg. Der Raum war so eng, dass rechts und links vom Lager gerade so viel Platz war, dass man quer dazu stehen konnte. Wohin mit der Arzttasche? Aufs Bett. Durch die Unruhe der Patientin wurde der Tascheninhalt teilweise auf der Bettdecke ungeordnet verteilt. Die Patientin machte tatsächlich einen so maroden Eindruck, dass zu ruhigen überlegten Aktionen kaum Zeit war. Das Schlimmste: Die verständlicherweise besorgte Tochter, in diesem Falle aber hoch hysterisch, stand in meinem Rücken, einen anderen Platz gab es ja nicht und schrie unentwegt: „Sie stirbt, sie stirbt, sie stirbt!"

Was zuerst machen? Der Griff zum Puls? Blutdruck messen? Injektion aufziehen? Welche? Bei diesen dicken, fleischigen Armen eine Vene suchen und ohne fremde Hilfe, bei schlechter Beleuchtung gezielt punktieren? Keine Hilfe, um den Arm bei der unruhigen Patientin zu halten. Unmöglich! Und die schreiende Tochter im Rücken. „Sie stirbt, sie stirbt!" Und das Geschehen nahm tatsächlich einen dramatischen Verlauf. Herzinfarkt, wahrscheinlich. Sie durfte nicht sterben, wie sollte ich die unbeherrschte Tochter bändigen, das Prozedere mit den Papieren und schließlich begann mein Dienst in der Klinik. Wo ist das Telefon? Haben die überhaupt eins? Handys gab es damals noch lange nicht. Wie kann der Doktor jetzt telefonieren, er soll gefälligst was tun. Ja was?

Also schließlich doch 112 – dringender Notfall! Es dauerte eine gefühlte Ewigkeit. Einen Notarztwagen, mit einem Kollegen besetzt, gab es wohl damals auch noch nicht. Irgendwann drängten sich 2 Feuerwehrleute, sicher geschulte, erfahrene Notfalltransporteure, in der Enge. Wohin die Trage? Im engen Flur ging es noch gerade so. Und dann den Fleischberg bei dieser Enge irgendwie auf die Trage. Jeder behinderte ja jeden. Die Jungs taten mir leid. Festschnallen. Aber wie einen Pudding festschnallen? Hier kam wirklich alles, was kompliziert sein konnte, zusammen. Nun gut, die Patientin war ruhig geworden, es war zu vermuten, dass … Und Abtransport. Ich versuchte den verstreuten Inhalt meiner Arzttasche einigermaßen einzusammeln. Eine steile Wendeltreppe nach unten, mit dieser Last, geht gar nicht, aber Zeit, etwas anderes zu überlegen, war nicht. Und dann passierte das Makaberste, was ich in meinem Leben erlebt hatte. Durch die Steile der Wendeltreppe rutschte die arme Frau unter den Gurten der Trage weg und holperte unkontrolliert die letzten Stufen der steilen Wendeltreppe herunter. Ich glaube, sie hat es nicht mehr gemerkt. Wie ging es weiter? Ich habe es vergessen. Das offizielle Ableben musste dann jedenfalls nicht mehr von mir zeitraubend dokumentiert werden. Mit diesem Erlebnis im Kopf konnte ich dann meinen routinemäßigen Klinikdienst antreten. Wie geordnet, dachte ich.

## Das Spiel am Hauptbahnhof in der Weihnachtsnacht

Als Arzt betreute ich ein Nobelseniorenheim in Hamburg Blankenese. Regelmäßige Besuche auf der Pflegestation wurden angefordert. Ich kannte alle Schwestern und viele Dauerpatienten. Es ergab sich, da man von meinem Hobby wusste, am Heiligabend zum Nachmittagskaffee in feierlicher Umrahmung die Heiligabendfeier musikalisch betreuen zu dürfen. Man hatte an dem Ablauf Gefallen gefunden und so wurde ich auch in den Folgejahren wieder eingeladen. Die Feier begann gegen 15 Uhr und man konnte dann pünktlich zur Bescherung wieder zu Hause sein. Ich war der verantwortliche Ansprechpartner und konnte mir aussuchen, wen ich jeweils zur abwechslungsreichen Begleitung mitnahm. Es wurde gut bezahlt und so hatte ich nie Schwierigkeiten, jemanden Passendes zu finden. Ein Klavier hatte man vor Ort, mal eine

Gitarrenbegleitung, mal ein Akkordeon, eine junge Flötistin oder eine Sängerin brachten 22 Jahre zur selben Zeit auch ein bisschen Überraschung und Abwechslung in die weihnachtliche Feier. Da bei mir zu Hause selten gemeinschaftliche Musik gespielt wurde, war es über Jahre auch meine zentrale Weihnachtsfeier, zudem es gern gesehen wurde, Angehörige oder Freunde als Gäste mitzubringen. Eigentlich war es wie eine große Familie und ich freute mich jedes Jahr wieder auf die wohlige Atmosphäre in der vornehmen Einrichtung. Dort traf ich dann viele eigene Patienten und deren Angehörige. Es ergab sich ganz natürlich, dass in verbindlichen persönlichen Gesprächen liebevoll ein Arm um die Schulter gelegt wurde oder ein piepsendes Hörgerät so ganz nebenbei richtig eingesetzt wurde. Es war ja auch nicht ganz gewöhnlich, dass ein betreuender Arzt nun als Musiker auftauchte und in den Pausen zu diesem oder jenem freundschaftlichen Gespräch bereit war. Das alles war über Jahre so gelaufen, schien aber nun einem anwesenden Herrn, den ich nicht kannte, gar nicht zu gefallen. Der Chef der Einrichtung, fast ein persönlicher Freund von mir, hatte nun einen Oberchef, der wohl unserer Betreuungsanlage angehörte und der als Gast oder in offizieller Mission als Begutachter des Ablaufes anwesend war. Ich weiß es nicht. Ich wurde nur irgendeinmal zur Seite genommen und bekam eine mich recht ernüchternde Information, es war eigentlich schon eine Zurechtweisung. Es ginge nicht, dass ich als Musiker mich in verbindlichen Tischsituationen mit den Heiminsassen einließe, wir hätten schließlich Hilton-Niveau und da wäre ordnungsgemäße Distanz angesagt. Was seien das hier für komische Musiker, ließ er sein Missfallen in der nächstunteren Etage der Direktion verlauten. Nun, ich hatte verstanden. Hierarchie ist eben Hierarchie und warmherzige Verbindlichkeit hatte da nichts zu suchen. Als Arzt wusste ich, wie man Patienten gegenübertritt, dem Umgang als Musiker hatte ich wohl nicht die gebührende Beachtung geschenkt. Das war der Zeitpunkt, wo ich das dringende Bedürfnis hatte, einen Gegenpol zu dieser disziplinierten Inszenierung zu setzen. Das Wetter spielte mit, die Familien wurden eingebunden, denn schließlich gab es ja noch eine Weihnachtsfeier im Familienkreis und dann trafen wir uns mit Akkordeon und Geige gegen Mitternacht am Hauptbahnhof. Dort, in der Eingangshalle waren auch in der Heiligen Nacht immer genug Alleinstehende, Wohnungslose oder sonst wie gestrandete Mitbürger unter sich. Solch ein Abend ging ja irgendwie bei keinem so ganz emotionslos vorbei. Wir hatten uns ein bisschen so gekleidet, als gehörten wir dazu. Der Geigenkasten wurde aufgeklappt, auf den Boden gestellt und all die bekannten Weihnachtslieder ertönten durch die feierliche Nacht. Nicht aus irgendwelchen Lautsprechern, nein, Livemusik! Unerwartete 75.– Mark waren der gespendete Lohn der mehr oder weniger vorbeihuschenden oder umherstehenden Zuhörer für uns zwei gestrandete Musiker. Ein nettes Zubrot für meinen teuren Freund Georg, der ja von der Musik leben musste. Mancher Schluck aus der „Pulle" wurde uns unkompliziert angeboten und es war schon gelungen, in der unpersönlichen Halle eine besondere, gemeinschaftliche Stimmung aufzubauen. So konnte man auch Musik machen. Ohne Etikette und Benimmregeln. Von Herz zu Herz. Vom Seniorenheim war es nach 22 Jahren die letzte Einladung, ein neuer Vertrag kam nicht mehr.

## Der ungarische Lehrmeister und tolle Freund

Irgendwann war ich in Ungarn, natürlich in Budapest, zu Ostblockzeiten, als sich Wessis und Ossis dort gern trafen. Die Ungarn waren auch Ossis, aber es gab dort immer ein gewisses „Etwas", welches das Land und vor allem die attraktive Stadt Budapest besuchenswert machte. Ich war fasziniert von den Geigern. Es war ja mein Instrument. So eine Konzentration von seelenvoller, temperamentvoller und artistisch dargebotener Musik kannte ich bestenfalls von Filmen. Nun war ich mittendrin. Die Begleitung mit der Zimbel hatte mich ausgesprochen fasziniert und verzaubert. So gelang es mir doch hin und wieder, für ein paar Mark Trinkgeld – schließlich handelte es sich ja um heiß begehrte Valuta – dem Primas die Geige auszuleihen, um mich in ganz bescheidenem Maße an ein echtes von Ungarn gespieltes Cimbalom anzuschmiegen. Das Instrument ließ mich nicht los, sodass ich, in Hamburg zurück, eine Annonce in die Zeitung setzte: „Wer spielt Zimbel?" Tatsächlich meldete sich ein Ungar, er lebte lange in der Nähe von Hamburg, hatte tatsächlich ein original ungarisches Cimbalom zu Hause und bediente das Instrument als Hobby. Nach dem ersten Abtasten verabredeten wir ein 2. Treffen in seiner Wohnung. Daraus wurde eine unerwartet tragische Begegnung mit seiner jungen Frau. Er lebte nicht mehr. Ich kannte ihn ja fast nicht und hatte keinerlei Vermutungen über den Hintergrund der traurigen Situation. Nach der üblichen Beileidsbekundung hatte mir seine Witwe die Adresse eines anderen ungarischen Musikers gegeben, den sie wohl gut kannte. Der war ein Profi. Berufsmusiker. Ich suchte den Kontakt. Das war der Beginn einer langjährigen Freundschaft mit hoher Kreativität. In den nächsten 8 Jahren erlebte ich sicher meine fruchtbarste Zeit mit der Geige. Georg war ein Lehrer, ein Führer und Förderer, der niemals eine Arroganz gegenüber dem Laien herausspielte. Mit ihm zusammen begann eine bescheidene Karriere, er kannte alle gängigen Unterhaltungsmelodien der leichten Muse, er spielte in den besten Hotels am Piano und für mich konnte er sein Instrument so bedienen, als höre es sich wie eine Zimbel an. Georg war ein beliebter geselliger Typ, der seinen Beruf nicht nur als ernst zu nehmenden Broterwerb ansah, sondern durchaus auch die damit verbundene Geselligkeit auszukosten vermochte. Genau der Richtige für mich. Er besuchte mich auch gern zu Hause, da hatte ich ein Klavier und immer auch ein Akkordeon zur Hand. So verbrachten wir manchen Nachmittag und manchen Abend bis in die Nacht bei guter Stimmung. Gelegentlich gemeinsame Auftritte waren für mich immer musikalische Höhepunkte.

## Der Herr mit dem goldenen Mantel

Eigentlich hatte ich meine Violine immer im Urlaubsgepäck und so die ulkigsten Situationen erlebt. Spontanität war angesagt. Ob auf dem Airport von Santo Domingo, als der Flieger viel zu spät kam, ob in Colombo als Pausenfüller auf dem Flur einer Großveranstaltung in einem Hotel, in dem ich zufällig übernachtete. Auch an der deutsch-polnischen Grenze im Zug, als man mein Instrument, ein Erbstück meines musikalischen Großvaters, die Violine, auf der ich gelernt hatte, beschlagnahmen wollte, weil ich keinen Geigenpass vorweisen konnte. Eine andere Situation erlebte ich an der ungarisch-österreichischen Grenze, hier gelang mir durch ein routiniertes Vorspiel beim Grenzübertritt eine wirklich geschmuggelte Geige so überzeugend als die meinige darzustellen, dass man mich mit Instrument passieren ließ! Glück gehabt. Übrigens hat dieses Instrument nach vielen, vielen Jahren nun eine endgültige Besitzerin in Cuba gefunden! Eine junge, begnadete Violinistin. Aber das wäre eine Extrageschichte, wie es dazu kam. Unvergessen auch die spontane Möglichkeit, in der Silvesternacht zu später Stunde im damaligen Palasthotel in Ostberlin oder einmal am Strand von Koh Samui, wo zufällig ein Pianist neben den OP-Bungalows zwar zum begleiteten Vorsingen einlud, aber sich auf eine Variation mit Geigensolo zu gern eingelassen hatte. Evergreens, gängige Barmusik mit weltbekannten Schlagern oder aktuellen Musicals. Im Notfall „Jingle Bells" ? oder „La Cucaracha" ging immer und wurde in der ganzen Welt verstanden.

Einmal jedoch lief alles etwas anders.

Mit Freunden saß ich in einem Straßencafé in Bali. Nichts Besonderes. Man trank einen Kaffee, ein Bier oder sonst was. Als unerwartete Überraschung erreichten wohlklingende, für diese Gegend völlig untypische Klavierklänge unser Ohr. Was war das? Dem musste man natürlich irgendwie nachgehen. Gar nicht weit entfernt betraten wir ein recht elegantes Restaurant, ein schwarzer Lackflügel im Mittelpunkt, bespielt von einem älteren Herrn, der auffällig vornehm mit einem Goldbrokat bestickten knielangen Mantel bekleidet war und der dem Instrument die wohltönenden Akkorde entlockte. Man musste zuhören. Wer konnte sich in dieser exotischen Gegend einen so eleganten Virtuosen leisten? Da musste man schon ein bisschen mehr als das übliche Honorar neben die Tasten legen. Höflich, aber mit einer leichten Geste der Arroganz wurden die Scheine beiseitegeschoben. – Inzwischen hatte ein zufällig anwesender Gast uns aufgeklärt, der Pianist sei kein Angestellter, es sei ein reicher Schweizer, der sich hier einen Lebenstraum erfüllt hatte. Unweigerlich musste man an Klaus

Kinsky denken: Fitzcarraldo! Auch dieses – nun Museumsschiff am Amazonas im peruanischen Iquitos – hatte ich schon besucht.

Es ergab sich eine Gelegenheit, ein paar Worte mit dem Herrn zu wechseln. Schließlich hatte ich ja ein kleines Ferienhaus in den Schweizer Bergen und kannte die Helvetier gut. Etwas überschwänglich bot ich dem feinen Herrn an, meine Geige zu holen, um das einzig mir bekannte Schweizer Solostück, das ich kannte, mit ihm zu spielen, „Grüezi wohl, Frau Stirnimaa". Es war ein lockeres Unterhaltungsstück, sogar etwas anspruchsvoll und kam im Allgemeinen gut an: Eine Gruppe – die „Minstrels" mit Mario Feurer – hatte es in den 70er-Jahren populär gemacht. Meine optimistisch verbindliche Offerte bekam sofort einen kräftigen Dämpfer! Das hier sei ein Musiktempel, hier würden Bach, Beethoven, Chopin und Mozart gespielt und ich käme ihm mit „Grüezi wohl, Frau Stirnimaa". Das sei ja eine Beleidigung! Oder? … fügte er dann noch in typisch schweizerischem Abgang im fragenden Imperativ hinzu. Ein bisschen kauzig fand ich den eleganten Herrn dann schon, aber so schnell war eben ein Eidgenosse nicht für eine schulterklopfende Verbrüderung zu gewinnen!

## Die erste Rechnung

Natürlich gab es auch privat zahlende Patienten, die den von der kassenärztlichen Vereinigung organisierten Notdienst in Anspruch nahmen. Das hatte man als Arzt eigentlich ganz gern, die Abrechnung wurde nicht über die Organisation und über die Kassen verfolgt, man durfte je nach Leistungserbringung über eine Rechnung, die man selbst zu erstellen hatte, sein Honorar anfordern. Aber auch diese kann man natürlich nicht nach persönlichem Gutdünken gestalten, man bewegt sich in einem gesetzlichen Ermessensspielraum und muss sich grundsätzlich an vorgegebene Regularien halten. Eine Gebührenordnung gibt den Rahmen vor. Ein kompliziertes Regelwerk, worin jede ärztliche Verrichtung einzeln aufgeführt und entsprechend zu beachten ist. Ein junger Arzt hat mit Rechnungsstellung im Allgemeinen nichts zu tun, der bekommt sein Gehalt, sein Vertretungsgeld oder im Notdienst wird quartalsmäßig über die kassenärztliche Organisation abgerechnet. Aber nun kam eben der erste Privatpatient, die erste Rechnung musste erstellt und verantwortet werden. Es war eine junge Frau, die den Besuch angefordert hatte, eine Routineerkrankung, Fieber, Grippe oder irgendein Virusinfekt – wie so oft. Wie immer war auch hier eine gründliche Untersuchung notwendig, aber letztlich wurde die Erkrankung als selbstlimitierend eingeschätzt, ein übliches Fieber- und Schmerzmittel reichte, um die Beschwerden zu lindern, ein paar beruhigende Worte und irgendwann in den nächsten Tagen würde die Patientin ohne größere notwendige Therapie ohnehin genesen. Es handelte sich um die Tochter eines wohl recht einflussreichen Bauunternehmers, sie bat die Rechnung dorthin zu schicken. Mit wenig Erfahrung, aber umso korrekter wurden die Positionsnummern zusammengesucht. Keine Erfahrung, ganz zu schweigen von der Hilfe einer erfahrenen routinierten Sekretärin oder Arzthelferin. Handschriftlich wurde das Zahlenwerk aufgelistet. Der Stempelaufdruck mag zwar auch nicht sehr professionell ausgesehen haben, aber das waren Äußerlichkeiten. Und diese Rechnung landete nun auf dem Schreibtisch des wohl einflussreichen Herrn. Die Reaktion kam prompt. Mit so einem Stück Papier Geld anzufordern sei eine Frechheit, ich hätte ja nicht einmal eine richtige Praxisadresse, nicht einmal einen eigenen Briefkopf und außerdem sei ich ja viel zu jung, um ein richtiger Arzt zu sein. Das Medikament, was ich vor Ort gelassen hatte, weil ich die fieberkranke Patientin nicht nachts zu einer Apotheke laufen lassen wollte, dies hätte er an jeder Ecke kaufen können, nicht einmal ein Rezept hätte ich ausgestellt und womöglich habe ich wohl auch nicht mal einen eigenen Rezeptblock. Diese Forderung würde er nicht akzeptieren. Ich war total verunsichert, die erste eigene Rechnung und dann gleich so eine Reaktion. Hilfe suchte ich bei befreundeten Kollegen, die mir alle Korrektheit attestierten. So ermutigt nahm ich meinen ersten Rechtsbeistand, auch ein aufregender Moment, nie hatte ich eine Begegnung mit einem Anwalt gehabt. Ich geriet an einen netten, väterlichen Vertreter seines Faches und nach dem üblichen Prozedere bekam ich natürlich mein Honorar zugesprochen und der wichtige Herr durfte eine zusätzliche Strafe wegen Beleidigung abdrücken, das hatte der Anwalt so veranlasst und ihm hiermit eine Lektion erteilt. Eine Genugtuung für einen zunächst verunsicherten jungen Arzt. Das Befinden seiner Tochter dürfte längst keine Rolle mehr gespielt haben.

## Die eingeschneite Arzttasche

Es war in den kalten Morgenstunden im Winter, als ich das Haus verließ. Der Krankenbesuch war abgeschlossen. Da klingelte das Telefon. Nun kann es schon etwas schwierig sein, bei Minustemperaturen mit klammen Händen so ein kleines Telefon bedienen zu müssen. Zum Glück konnte ich die Tasche auf einem Mauersims kurz abstellen, wahrscheinlich gab es ja auch gleich noch etwas zu schreiben. Etwas in Eile, schließlich handelt es sich um Notfälle, mehr oder weniger dringend ist es eigentlich immer. Zumindest ist man mit der Überlegung und Einschätzung des soeben durchgegebenen Krankheitsbildes gedanklich beschäftigt. Das Navigationsgerät wird programmiert, der Patient telefonisch informiert und noch einmal über seine Probleme befragt, eine kurze Beratung und los geht's. Die Fahrt war beschwerlich, es war noch dunkel, begann so ein bisschen zu dämmern. Bei der neuen Adresse angekommen: Schrecksekunde! Die Tasche war nicht im Auto. Ach ja, fiel mir ein, ich hatte sie ja kurz abgestellt. Kurz! Und dort hatte ich sie dann vergessen. Eine schwarze Ledertasche vor einem Mehrfamilienhauseingang. Mir blieb nichts anderes übrig, als schnell zurückzufahren. Meine Not-Notfalltasche hätte notfalls ihren Zweck für einen Besuch erfüllt, aber die Zeit arbeitete ja gegen mich – eine frei stehende schwarze Ledertasche vor einem Mehrfamilienhaus. Ob die da länger unbeachtet geblieben wäre? Inzwischen hatte es heftig geschneit. Die Fahrt war deshalb beschwerlich. Dort mit Herzklopfen angekommen war meine Tasche fast nicht zu sehen. Inzwischen hatte sich eine dichte Schneedecke über sie gelegt. Niemand hatte sie gesehen, aber ich hatte meine Tasche wieder. Das sind Glücksmomente nach einem großen Schreck.

## Kneipe gegen Barkasse!

Ein toller Auftrag, etwas ganz Besonderes. Auf einem Schiff sollte ein 60. Geburtstag gefeiert werden. Man hatte extra eine Barkasse gechartert und war natürlich an vereinbarte Zeiten gebunden, zu denen man im Hafen zu einer Ausfahrt ablegen musste. Ich hatte so etwas immer sehr gewissenhaft vorbereitet, war ich doch Vertragspartner, aber ebenso abhängig von meinem verehrten Freund und Akkordeonisten. Man hatte den Termin so auf den frühen Nachmittag gelegt. Es war Sonntag und mein musikalischer Freund hatte vormittags immer seinen Auftritt in einer Kneipe am Hamburger Fischmarkt. Mit dem Chef war alles vorher abgesprochen worden, dass wir pünktlich das Lokal verlassen müssen. Bei einer Bombenstimmung in der Kneipe verging die Zeit mit der perfekten Stimmungsmusik meines Freundes.

Der vereinbarte Zeitpunkt kam näher und so allmählich mussten wir ja mal aufbrechen, um einigermaßen pünktlich auf dem Kahn zu sein. Der Bootsführer würde für eine Verzögerung kein Verständnis haben. Das sah unser Kneipenchef aber ganz anders. Von wegen, gerade jetzt, wo sich so viele vergnügungssüchtige und zahlungswillige Gäste in seiner Kneipe amüsierten, da sah er überhaupt nicht ein, dass die Musik dort nun abgebrochen werden sollte. Wegen ein paar mündlicher Ansprachen, die nun gern ignoriert oder als total unpassend empfunden wurden. Er war ja auch gern sein eigener Gast und immer in kumpelhafter Gemeinsamkeit mit seinen fröhlichen Gästen vereint! Ich wurde sehr nervös, Georg fühlte sich zwischen den Stühlen. Einerseits wollte er den Dauerauftrag am Sonntag nicht durch Verärgerung des recht uneinsichtigen Gastwirtes verlieren, andererseits fühlte er sich schon unserer Absprache verpflichtet. Ein Feilschen um Minuten begann, ein Bitten um Einsicht, aber die ausgelassene Kneipenstimmung übertönte alles. Akustisch und mental. Was tun? Ein aufgeregtes Telefonieren begann. Die Gäste auf dem Schiff hatten ihre Plätze schon eingenommen, warteten, warteten, warteten. Wie peinlich! Das sind emotionale Minuten! Schließlich kamen wir dann doch irgendwie los, mussten wir ja auch! Die Fahrt zum Anleger, hektische Parkplatzsuche. Sehnsüchtigst erwartet stolperten wir mit unseren Instrumenten auf das Boot! Erleichterung auf beiden Seiten. Es wurde dann noch eine wunderschöne Feier!

Aber Pannen vor einem Auftritt waren ja keine Ausnahme.

## Dramatik im Hotel

Eine Häufigkeit sind Hotelbesuche. Man macht sie eigentlich recht gern. Eine saubere, geordnete Atmosphäre, kompetentes, sachbezogenes und höfliches Empfangspersonal und vor allem interessante Patienten mit einer oft internationalen, welterfahrenen Ausstrahlung. Und auch der Portier weist einem höflich und korrekt einen privilegierten Parkplatz zu und an der Rezeption ist man froh und dankbar, dass man den Patienten und Hotelgast zügig zufriedenstellen konnte. Ein einmaliger Fall war aber schon beim Betreten des Hotels auffällig anders. Die Begrüßung erfolgte bereits im Hoteleingang, keine Zimmernummer, kein Hotelgastname, in auffälliger Weise wurde man über die 2 Etagen und den langen Hotelflur geleitet bis schließlich zu einer Tür, die halb geöffnet war und der auch wieder ein dunkel gekleideter Herr mit ausgestreckter hineinweisender Hand vorstand. Ohne ein Wort zu sagen, keine Andeutungen oder Erklärungen. Im Zimmer noch immer nichts Ungewöhnliches, kein Patient im Bett, aber dann bald der Schreck. Im Badezimmer hatte sich eine Frau an einer Schnur an den Armaturen aufgeknöpft. Tief hatte sich das Seil in ihre Weichteile des Halses eingegraben. Mausetot war sie. Kein schöner Anblick und vor allem so unerwartet. Kurzes Innehalten, ich durfte den Leichnam abschneiden und den Tod feststellen. Das darf ja nur der Arzt, ganz gleich, in welcher Situation.

Klarer Fall von Suizid, auf dem Tisch lag ein Abschiedsbrief, aber das war dann Sache der Polizei und der Gerichtsmedizin.

## Die beleidigte Mutter

Selten, aber manchmal hatten die Patienten schon eine eigenartige Vorstellung von der Arbeit, dem Aufwand, den ein Notdienstbesuch mit sich bringt. Bereitschaft zu jeder Tages- oder Nachtzeit. Kein Patient, kein Honorar. Man ist ja nicht irgendwo angestellt. Keine Entschädigung für die Bereitschaft. Eine Versicherung muss abgeschlossen sein. Man muss teure Medikamente in seinem Bestand vorhalten, werden sie nicht gebraucht verfallen sie, weg damit. Neukauf. Eine Apotheke hält niemals alles vorrätig für Notfälle. Der Notarzt kann sich die Zeit nicht aussuchen, zu der er gerufen wird. Bei Regen, Glatteis und dichtem Berufsverkehr oder zu jeder Nachtzeit. Mancher Patient registriert nur die 15, 30 oder 45 Minuten der unmittelbaren Anwesenheit. Ganz zu schweigen von der Bürokratie, die jeder Besuch am Schreibtisch zu Hause mit sich bringt.

Eine Mutter rief mich zu ihrem Kind. „Bauchschmerzen" war ihre Ansage und sie hatte auch gleich eine Diagnose parat. Sie brauche nur ein Rezept. Natürlich musste das Kind sorgfältig untersucht werden. Kritische Fragen zur Vorgeschichte, Abtasten, Abhören und sonstige allgemeine Parameter müssen beurteilt werden. Das muss bei einem Kind, das nicht kooperiert, gar nicht so einfach sein. Und schließlich muss immer ein gewissenhaftes Protokoll angelegt werden. Offenbar war sie beleidigt, dass ich nicht kritiklos ihr Urteil übernommen und blindlings ihrem Wunsche nach einem Rezept nachgekommen war. Sie hatte den Arzt 20 Kilometer kommen lassen und sich dann über die Rechnung beschwert, weil der „nur ein bisschen auf dem Bauch herumgeklopft" hat. So formulierte sie es trotzig in einem Beschwerdebrief über die ihrer Meinung nach ungerechtfertigte Rechnung. Dabei wollte sie doch nur ein Rezept! Solchen Leuten muss man dann in einer aufwändigen Korrespondenz die Augen öffnen. Manchmal gelingt es, manchmal bleiben sie uneinsichtig und trotzig.

## Ham'Se mal 2 Mark?

Es gibt in einem Bezirk des kassenärztlichen Notdienstes regelmäßig Wiederholungspatienten, die dann auch jeder Kollege kennt, der Dienst habende Taxifahrer natürlich auch. Der brauchte dann nur den Namen zu sagen und man wusste Bescheid. Der eine oder andere Kollege mag für sich entscheiden den Besuch nicht mehr durchzuführen, aber im Allgemeinen musste der Auftrag bedient werden. So auch bei dieser Dame. Den Namen werden viele Kollegen auch nach Jahren nicht vergessen haben. Sie klagte über Luftnot. Nun gut, bei einem älteren Menschen kann das ein chronischer Zustand sein, eine Blählunge, das ist eigentlich nichts Ungewöhnliches. Vielleicht mehr als Leiden zu bezeichnen. Spritze ja, Spritze nein. Die Medizin ist keine Mathematik und so mag der eine Kollege diese Prozedur durchgeführt haben, der andere mit beruhigenden Worten die Sache gut sein gelassen haben. Ermessensfrage. Das Kuriose bei dieser Patientin war, dass sie den Arzt dann immer vor der Verabschiedung um 2 Mark anbettelte. Wenn es die Situation zuließ, konnte man sie beobachten, wie sie sich nach dem Arztbesuch, manchmal in Pantoffeln, zum nächsten Zigarettenautomaten **nachts über die Straße schleppte**. Hm. Auswüchse! Man hat ja Anspruch auf den Arztbesuch!

## Arzttasche geklaut

Irgendwann war die Tasche einmal verschwunden. Ich bemerkte es, als sie gebraucht wurde. Ich konnte mir nicht erklären, wie das passiert sein konnte. Ich ging die Möglichkeiten durch. Praxis? Wohnung? Kofferraum? Hatte ich sie bei einem Patienten oder irgendwo in der Garage beim Umpacken vergessen? Man wusste ja, dass mancher Drogensüchtige darin Betäubungsmittel vermutete, auf die er es immer abgesehen hatte. Es begann die Suche, die Zeit eilte, der nächste Einsatztermin näherte sich. Ich fand sie nicht. Notgedrungen musste ich mir etwas einfallen lassen. Ein alter Koffer, der einigermaßen die notwendigen Kriterien erfüllte, wurde hergerichtet. Bis zu einer endgültigen Lösung musste das genügen. Diverse Protokolle, Rezeptblock und natürlich Blutdruckmesser, Stethoskop, Taschenlampe und zig Medikamente, Spritzen und Nadeln mussten irgendwie und praktikabel eingeordnet werden. Tatsächlich hatte ich mich nach ein paar Einsätzen an den neuen Begleiter gewöhnt, bis mich nach 3, 4 oder 5 Wochen ein Anruf erreichte, ob ich derjenige sei, dessen Name auf diversen Formularen aufgedruckt war. Dann nannte man mir einen Ort, wo meine Tasche gefunden worden war. Vielleicht 30 Meter von meinem Haus entfernt neben einem Mülltonnenbehälter, dort hatte man sie gefunden, dort hatte sie ein Dieb abgestellt, dort konnte ich sie mir abholen. Erstaunlicherweise fehlte fast nichts. Unter welchen Umständen sie mir entwendet worden war, kann ich mir bis heute nicht erklären. Aber immerhin, ich hatte sie wieder.

## Verstreuter Inhalt

Nun ist ja so eine Notarzttasche keine ganz preiswerte Anschaffung, schön, wenn man sie geschenkt bekommt. Man hatte ja anfänglich schon allerhand ausprobiert, praktische, aber sperrige Aluminiumkoffer, antike Gelegenheitskäufe, sogar zweckentfremdete und umgestaltete Werkzeugkoffer. Und nun hatte ich eine echte lederne Arzttasche, die dafür verwendet wurde, wofür sie gedacht war – mit vielen speziellen Fächern für dies und jenes. Aber was ist dies und jenes? Zweifellos gibt es eine standardisierte Grundausstattung, ohne die es nicht geht. Darüber hinaus wird jeder Arzt seine ganz eigene Vorstellung haben, wie er das wertvolle Behältnis bestückt. Je nach seiner speziellen Orientierung wird er manche Dinge für notwendig, andere wieder für verzichtbar halten, und das gilt sowohl für Medikamente als auch für Gerätschaften. Dann kann es schon vorkommen, dass der Koffer bald zu klein wird, wenn mit zunehmender Erfahrung manches zusätzlich als sinnvoll oder notwendig erscheint. Es wird gepackt, geschichtet, ausgewechselt oder sogar gequetscht. Letzteres besonders dann, wenn man trotz verantwortlicher Zuwendung im Einzelfall weiß, dass schon mehrere Patienten auf dem Zettel stehen und warten. Ich benutzte die aufklappbare Ausfertigung, an die ich mich gewöhnt hatte und die ich auch sehr praktisch fand, weil ich dann nicht in der Tiefe irgendwo kramen oder am Patientenbett groß umschichten musste. Da konnte es schon vorkommen, dass der Verschluss nicht richtig eingerastet war. Und es passierte. Der Verschluss öffnete sich in dem Moment, als ich das Haus meines letzten Besuches verlassen hatte. Schlimm genug bei Regen. Eine zufällig vorbeikommende Frau erkannte mein Missgeschick und schützte mit ihrem Regenschirm den Inhalt, den ich nun schleunigst auf- und einsammeln musste. Undenkbar, wenn das auf offener Straße im fließenden Verkehr passiert wäre. Glück im Unglück nennt man wohl so etwas. Im Auto angekommen, war dann wohl erst einmal trocknen, ordentlich einsortieren und desinfizieren angesagt.

Dies Malheur ist mir später zweimal noch passiert, aber auf die nun auch in die Jahre gekommene Arzttasche wollte ich nicht verzichten. Mancher Patient hatte dies alte Stück ehrfurchtsvoll als Talisman interpretiert, ich konnte es nicht verbergen, dass man meiner Tasche die jahrelange Erfahrung deutlich ansah.

Ein Abwägen zum Entschluss einer Neuanschaffnung und zwischen Gewohnheit, Tradition und auch ein bisschen Respeckt ließen mich die Entscheidung hier aktiv zu werden immer wieder verschieben.

## Der rücksichtslose und der mitfühlende Busfahrer

Wir waren in lustiger Runde etwas „versackt". Das sagt man, wenn es spät geworden ist, man seine letzte Fahrmöglichkeit verpasst hat und man nach einem unterhaltsam musikalischen Abend nicht nur ein Glas Bier getrunken hat. Aber ich musste ja irgendwo schlafen. Bei meinem Freund konnte ich nicht bleiben, aber ein anderer Bekannter hatte die Möglichkeit, mich bei ihm für den Rest der Nacht unterzubringen. Der wohnte am anderen Ende der Stadt, ich wusste gar nicht so recht, wo ich gelandet und wie ich hingekommen war. Egal, ziemlich schnell schlief ich auf dem Sofa ein. Es war Sommer und irgendwann recht früh weckte mich die Morgensonne und nun hatte ich das Bedürfnis, schnell in mein eigenes Bett zu kommen. Ich nahm meinen Geigenkasten und schlich mich aus der Wohnung. Es war ein wunderschöner Sonntagmorgen, ich fand mich in einer fremden Umgebung auf der Straße und suchte die nächste Bushaltestelle. Irgendwo fand man in Hamburg immer eine. Vielleicht musste ich 30 Minuten warten, der Bus kam und hielt. Das Kleingeld hatte ich am Vorabend einem fahrenden Musiker in seine Sammelbox geworfen, einen immerhin verbliebenen letzten 100-Mark-Schein hielt ich dem Busfahrer durch die geöffnete Tür unter die Nase. „Kann ich nicht wechseln" war sein ernüchternder Kommentar, die Tür schloss sich und er fuhr davon. Sprichwörtlich wie der begossene Pudel stand ich zurückgelassen an meiner Haltestelle und mir blieb nichts anderes übrig, als es noch einmal zu versuchen, vielleicht konnte ja der nächste Fahrer wechseln. Gott sei Dank regnete es nicht, die Sonne schien und in mir wirkte der lustige Abend, die erlebnisreiche Nacht noch nach. Irgendwann kam auch der nächste Bus. Dasselbe Prozedere. Der Fahrer sah mich, in der einen Hand meinen Geigenkasten, in der anderen den 100-Mark-Schein. „Hast die ganze Nacht gespielt?", ich nickte. „Hast 100 Mark verdient?", ich nickte wieder. „Setz dich hinten rein, ich nehme dich so mit." Zu gern hätte ich ihm ein Dankesständchen gebracht.

## Der Soloauftritt im vornehmen peruanischen Club

Weltweit hatte ich Freunde. Meine Nachbarn waren ausgewandert nach Peru. Da die Kinder zusammen in die Schule gegangen waren, hatte sich eine recht intensive Freundschaft entwickelt. Eigentlich war es schade, dass sie weg waren. Reisefreudig war ich immer und so beschloss ich mit meinem jüngsten Sohn die Familie in Lima zu besuchen. Es war um die Weihnachtszeit und mein dortiger Adressat bat mich natürlich, meine Geige mitzubringen. Das tat ich gern. Kein Problem in einer deutschen Kirche mit einer deutschen Kantorin deutsche Weihnachtslieder zu spielen. Mein Freund pflegte Kontakt zu einem recht anspruchsvollen Club und bat mich, dort vorzuspielen. Das konnte ich natürlich nicht absagen, schließlich hatte er mich fürstlich bewirtet und untergebracht. Der Club war eine Begegnungsstätte älterer einflussreicher Herren, in einem vornehmen Gebäude. Ich als exotischer Gast mit meiner Geige fühlte mich allein.

Aber Ehrensache. Ich musste liefern. Was würde man von mir erwarten? Ohne den gewohnten Freund am Klavier, Akkordeon oder Gitarre. Nie war ich allein aufgetreten. Ich bestellte 1, 2, 3 Gläser Wein, um meiner Verlegenheit und Hemmung entgegenzuwirken. Mehr ging nicht, das wusste ich rationell, und diese mentale Bremse funktionierte zum Glück. Wenn ich mehr trank, versagte meine Fähigkeit, dann hätte ich mich sicher blamiert, und das durfte keinesfalls passieren. Also ein, zwei und drei Standardstücke. Ohne Noten. Nicht das, was ich sonst mit Begleitung geboten hätte, aber immerhin. Geigensolist in Lima, Peru. Das war doch auch etwas.

## Wie eine „teure" Violine zur Wanddekoration degradiert wurde

Zum Wert einer Geige: Ein Musikhändler in Hamburg, er kannte mich und wusste, dass ich des Öfteren Geigennoten und sonstiges Zubehör bei ihm gekauft hatte. Besonders auch teure Geigensaiten. Vielleicht vermutete er ein bisschen übriges Geld und so nahm er mich bei einem Besuch in seinem Geschäft vertrauensvoll zur Seite und meinte, er hätte da eine sehr gute Gelegenheit, die er mir vorzugsweise für 5.000 –, anbieten wolle. Ein Geigenspieler interessiert sich immer für ein solches Instrument, ich nahm es in die Hand, musterte es, meinte aber dann, dass ich im Moment kein Interesse und keinen Bedarf habe, und dankte höflich für das Angebot. 4 Tage später. Ich wollte meine bestellten Noten abholen. Zwei junge Leute betraten den Laden, die mich wohl nicht persönlich kannten. Die jungen Leute fragten nach ihrer Geige. Dieses Mal war seine Frau im Laden, die mich nicht kannte. Sie holte genau das Instrument, das mir ihr Mann vor 4 Tagen für viel Geld angeboten hatte, und meinte: „Mein Mann hat gesagt, so etwas kann man nicht verkaufen, sie taugt bestenfalls für die Dekoration an einer Wand." Möglicherweise hatte man das Angebot auch anderweitig versucht. Sie gab ihnen das Instrument zurück. Ich stand als stiller Betrachter daneben, ein interessanter Zufall. Ein aufschlussreiches Erlebnis in einem kleinen Laden. Ein Fachgeschäft! Und wieder einmal wurde ich mit der Frage konfrontiert: „Was ist eine Geige eigentlich wert?" Dass man da zwangsläufig an mafiöse Strukturen denken muss, liegt nahe. So mag mancher Geigenlehrer den Eltern eines begabten Schülers gern eine „gute Geige" zum Verkauf angeboten haben, und welcher stolze Vater zückt dann nicht gern und locker die Brieftasche, wenn es darum geht, den Fleiß und Erfolg des eigenen so gelobten Kindes angemessen zu belohnen.

## Auch das passiert, Geigenbogen vergessen

Ein toller interessanter Auftrag. Wir gingen unser Programm in meinen Praxisräumen noch einmal durch, da hatten wir uns getroffen, im Wartezimmer war eine gute Akustik und man störte keinen. Die unmittelbare Nachbarin, eine sehr gebildete Dame, wohnte gegenüber und freute sich immer über die Abwechslung durch die Musik. Um sehr frühzeitig am Auftrittsort zu sein, benutzten wir die S-Bahn, ca. 50 Minuten Fahrzeit, irgendwo am anderen Ende der Stadt. Auch dort wollten wir uns noch einmal einspielen. Es waren bis zu unserem Auftritt vielleicht noch 2 Stunden Zeit, genug, um genüsslich noch einige Vorbereitungen zu treffen. Aber was passierte dann? Ich hatte den Geigenbogen in der Praxis liegen gelassen. Oh weh. Ein hektisches Telefonieren bei allen möglichen Leuten in der Nähe, keiner hatte einen Geigenbogen. Es half nichts, den Entschluss weiter hinauszuschieben und auf ein Wunder zu hoffen, ich musste zurück, um meinen Bogen zu holen. Die wertvolle Zeit. Immerhin hatte ich eine Tageskarte gelöst, trotzdem, ein schwacher Trost, diesen hektischen Umstand hätte ich mir gern erspart. 15 Haltestellen mit der S-Bahn hin und ebenso viel wieder zurück. Nicht ganz pünktlich kam ich an, für eine Hauptprobe war nun natürlich keine Zeit mehr. Der Auftritt war trotzdem ein Erfolg!

## Das falsche Haus in der Nacht

Nachtbesuch, so gegen 24 Uhr. Kleingartenkolonie. Schlechte Beleuchtung. Man irrt zwischen engen Wegen, kann die Hausnummern nicht erkennen oder die sind gar nicht da. Schließlich findet man ein Haus, das der gesuchten Adresse entsprechen könnte. Aber natürlich keine Hausnummer. Es brennt Licht, ringsherum ist es dunkel. Durch das Fenster ist eine Frau zu erkennen, die ein Buch zu lesen scheint. Sitzt im Sessel. Aller Wahrscheinlichkeit nach muss das die gesuchte Adresse sein. Man scheint auf den Arzt zu warten. Nach dem Klingeln wird dann irgendwann einmal das Fenster geöffnet, natürlich ist man in dem Glauben, dankbar empfangen zu werden. Mitnichten. Ohne eine entschuldigende Erklärung abzuwarten, erfolgt eine Schimpfkanonade, es wäre Mitternacht und wie ich es wagen könnte, zu dieser Zeit einen Menschen zu stören, und man würde sich diese Unverschämtheit verbieten. Rums, Fenster wieder zu. Oh, oh! Ich musste weitersuchen. Das gesuchte Haus war 2 Wege weiter. Hier brannte kein Licht. Ich bat den Patienten der ungehaltenen Nachbarin meine Entschuldigung nachträglich zu übermitteln, zu der man mir selbst ja keine Gelegenheit gegeben hatte.

## Ein geleugneter Arztbesuch

Nun bekommt ja ein Patient, sofern sein Versicherungsstatus entsprechend besteht oder er ohnehin Selbstzahler ist, irgendwann einmal eine Rechnung. Diese kann man selber erstellen oder mit Einverständnis des Patienten von einer Abrechnungsstelle erstellen lassen. Es kommt schon einmal vor, dass die Rechnung als zu unangemessen empfunden wird, dass sie vergessen wird oder der Patient zahlungsunfähig ist oder eine Verzögerung der Erledigung aus diesem oder jenem Grunde einen zeitaufwändigen Schrift- oder Telefonverkehr notwendig macht. Ärgerlich! In diesem Falle aber kam die abweisende Nachricht, man kenne den Arzt überhaupt nicht. Auf meinen Hinweis per Post, man möge sich doch an den angeforderten Arztbesuch von dem und dem Datum erinnern, kam nun die recht bestimmte Mitteilung, bei weiteren Belästigungen würde man einen Anwalt einschalten. Oh, oh! Zum Glück ließ sich das ordnungsgemäß abgeheftete Protokoll herausfinden. Ohne Entschuldigung oder weitere Erklärung wurde der Betrag nach dieser Konfrontation mit dem Protokoll und 2 Originalunterschriften beglichen. Gern fügte ich bei weiteren Besuchen, wenn ich zum Abschluss der Behandlung die 2 Unterschriften in bürokratischer Korrektheit erbitten musste, den lockeren Einwand hinzu: „Schon deswegen, weil neulich eine Patientin behauptet hätte, ich sei gar nicht da gewesen." Das findet man dann im Allgemeinen unterhaltsam und lustig.

## Die irritierte Frau am Fenster

Es regnete. Der Taxifahrer musste mich an einem Fußweg zu einer Laubenkolonie absetzen, 50 Meter im Regen nachts, ein Gartenhäuschen, es brannte Licht. Ich klingelte. Tatsächlich erschien eine ältere Dame im weißen langen Gewand am Fenster und starrte in die Nacht. Mehr passierte aber nicht. Ich klingelte noch einmal. Keine Tür wurde geöffnet. Nun gestikulierte ich vor ihrem Fenster, sie möge doch endlich aufmachen. Sie starrte mich weiter durch die geschlossene Glasscheibe an. Ein bisschen gespenstisch war das Ganze. Wie lange sollte ich das Spielchen noch mitmachen. Es regnete, nachts, 50 Meter Fußweg! Es blieb mir nichts anderes übrig. Ich lief den unbequemen Weg zurück. Ich musste ja die Hilfe meines Funktaxis in Anspruch nehmen, anders konnte ich mit der mysteriösen Patientin nicht kommunizieren. Die Notdienstzentrale wurde per Funk informiert. Damals gab es noch kein Handy. Nach telefonischer Rückfrage bei der Patientin kam die Erklärung. Sie hatte einen richtigen Arzt im weißen Kittel erwartet. Nun würde sie aber auch so die Tür öffnen! Notdienst bei Regen im weißen Kittel, das wäre doch was.

## „Mein Mann will mich umbringen"

Man wusste ja selten zu welchem Problem man gerufen wurde. „Kind hat Fieber, plötzlicher Brechdurchfall, Schmerzen in der Wirbelsäule oder sonst wo." Das alles kam häufig vor. Man bekommt die Adresse und wird vom Fahrer dort abgesetzt. Man klingelt und wird hereingelassen. In diesem Falle folgendes Bühnenstück: Sie, wasserstoffblondes, etwas struppiges Haar, um die 50, sitzt am Tisch. Er, ein mit einem Seidenmantel bekleideter Endsechziger, ein bisschen den Charme eines nicht mehr so ganz attraktiven Lords ausstrahlend, steht daneben. Eine ziemlich leere Whisky-Flasche in der Mitte der Tischplatte, Gläser, Aschenbecher mit ausgedrückten Kippen. Offenbar hatte man einen längeren Abend zusammen verbracht, möglicherweise hatte man sich heftig gestritten und die Situation war eskaliert. Da stand ich nun mitten im Zimmer. „Guten Abend, Sie haben den Arzt gerufen, was gibt es denn?" Spontan und energisch bekam ich die Antwort: „Mein Mann will mich umbringen." Erstaunte Gegenfrage: „Ach was, wie lange haben Sie denn das Problem?" Sie, ohne lange zu überlegen: „Seit 30 Jahren." Und deswegen ruft man nachts gegen 2 Uhr den Notarzt. Ich schreibe die Personalien auf und gebe den Rat, es noch einmal miteinander zu versuchen. „Besuch, bei Nacht dringend angefordert und ausgeführt", wird auf dem Protokoll stehen. Diagnose? Ja was? Gar nicht so einfach. „Familienstreit, inzwischen deeskaliert." Wohl eher etwas für ein Polizeiprotokoll. Aber hier hatte man sich für den Arzt entschieden.

## Handwerker mit Assistentin

Nun kam es schon einmal vor, dass man aus irgendeinem Grunde seine Notarzttasche zu Hause oder in der Praxis vergessen hatte. Sei es, dass man etwas einsortieren oder irgendwelche Dokumente bearbeiten musste und dann in der Eile, abgelenkt durch Telefonate, Rücksprachen oder einfach in Überlegungen zu dem angeforderten Notfall ohne Arzttasche losfuhr. Selten, aber es passierte. Wie ärgerlich, wenn man beim Patienten nach einer stressigen Anfahrt und in Eile feststellte, dass man das wichtigste Werkzeug vergessen hatte. Für solche Fälle hatte ich im Kofferraum immer einen Not-Notfallkoffer deponiert. Nun war dieser Ersatzkoffer natürlich keine teure Anschaffung, ein einfacher umgepackter Werkzeugkoffer, der das Wichtigste und Notwendigste beinhaltete. Stethoskop, Blutdruckmessgerät, ein paar Injektionsspritzen, Desinfektionsmittel, ein paar Ampullen, eine Lampe und ein paar Protokolle. Ein solcher Fall trat ein, die begleitende Assistentin, mit der ich manche Besuche gern gemeinsam durchführte, trug den Ersatzkoffer für den angeforderten Besuch bei der Oma. Beim Eintreffen nahm uns die Enkelin in Empfang, war wohl von den Umständen des fremden Besuches nicht unterrichtet und wusste so nicht, in welcher Angelegenheit man uns bestellt hatte. Offenbar war sie von dem Ersatzköfferchen so beeindruckt, dass sie dann meinte: „Komisch, einen Handwerker mit Assistentin habe ich noch nie gesehen." Kleider machen Leute und spezielle Koffer machen eben Ärzte, dachte ich. Aber lustig fand ich die originelle Einschätzung.

## Die Dauerpatientin in den Morgenstunden

Nun war man es ja gewohnt und es gehörte auch dazu, wenn man schon einen Nachtbereitschaftsdienst angenommen hatte, dass man zu jeder Nachtzeit geweckt werden konnte. Ich empfand es immer am blödesten so gegen 3 Uhr morgens, das kam aber leider gar nicht so selten vor. In den späteren Morgenstunden war es dann seltener. Einfache Erfahrungswerte. Gegen 8 Uhr begann ohnehin wieder der normale Tagdienst in der Klinik oder Praxis. Für die letzten Nachtstunden war man ganz froh, wenn man nicht mehr geweckt wurde.

Da gab es ein älteres Fräulein im Bezirk, so um die 45, betreutes Wohnen, irgendwie etwas schrullig. Man sah es ihr an, sie kam wohl aus irgendwelchen Gründen im Leben nicht allein zurecht. Regelmäßig, fast pünktlich zur selben Zeit so gegen 5:30, meldete sie sich. Frau „Sowieso". Dann wusste man schon, jene bekannte Dame rief den Notarzt. Es spielte sich dann immer dasselbe Prozedere ab. Man wurde vom Taxi gebracht, wartete im Treppenhaus der Einrichtung, man klingelte irgendwo, sie erschien im Bademantel und wollte nur wissen, ob im Hals alles in Ordnung sei. Schließlich wisse sie ja nicht, ob da irgendwie eine Schwellung sei, und das könne ja dann auch schlimmer werden. Ein regelmäßiger Wiederholungsfall, den Arztkoffer konnte man getrost im Taxi lassen, eine Lampe, ein Holzspatel, das genügte. Letzteres eigentlich brauchte man auch gar nicht unbedingt, sie konnte den Mund so weit aufreißen, das hätte man sich bei vielen Patienten gewünscht. Das Protokoll wurde dann auch irgendwann zu Hause ausgefüllt oder im Durchschlag vorgefertigt, nur das Datum musste geändert werden, sonst war es immer das Gleiche. Keine Fragen, „alles in Ordnung", das reichte. Der Besuch musste gemacht werden, aber die Frage lag auf der Hand, muss unser soziales Gesundheitssystem durch derartig unkritische und gewohnheitsmäßige Inanspruchnahme belastet werden? Aber das konnten die Damen in der Vermittlung ja auch nicht entscheiden, es hätte ja auch mal wirklich etwas sein können. Hätte! Und schließlich war man ja sozialversichert und alle Besuche für den Patienten waren ohnehin umsonst. Warum sollte man den Notarzt dann nicht regelmäßig aus dem Bett holen. Der Tag hätte ja auch sonst so langweilig begonnen.

## Ein Stück Harz ... im Gepäck

Ein Geiger braucht eine Geige, gute Saiten, einen Geigenbogen, bespannt mit Rosshaar, und einen kleinen Block Kolophonium, ein zubereitetes Harz, ein Naturprodukt von Coniferen. Es gibt verschiedene Zubereitungen und Rezepte. Nun stand in meinem Garten eine alte Fichte, aus einer Wunde der Rinde quoll seit Jahren dickes, geronnenes gelbes Harz, das – zu Brocken erstarrt – sich leicht mit einem kräftigen Messer ablösen ließ.

Damit musste sich doch was Sinnvolles anfangen lassen. Kleine Siebe, Edelstahltöpfchen und Formen gab es im 1-Eurogeschäft. Ein Teelicht zum Erwärmen und schon konnte man den Schmelzprozess auslösen und durch mehr oder weniger langes Kochen der klebrigen Substanz die Festigkeit des Produktes nach dem Erkalten regulieren. Kleine runde Förmchen aus Silikon eigneten sich vortrefflich für die kleinen Blöcke. Veredelung durch eine eingelassene Silbermünze mit der Prägung von Beethoven, Mozart oder Bach, die es ja wohl bei im Fachhandel gekauften Produkten nicht gab. Ein samtenes Brillenputztuch als Verpackung und eine kleine passende Schmuckdose. Dabei ein eingeklebter Zettel mit der Aufschrift: „Retsina para mi amigos violinistos en Cuba de mi jardin en Alemania." Irgendwo ein Stempel mit der E-Mailadresse. So fuhr ich mit einer kleinen Kollektion meines Produktes nach Kuba. Dort kannte ich einige Bassisten und Violinisten und dort wird alles gebraucht, was glitzert und sogar noch zu gebrauchen ist. Einige Döschen hatte ich noch am Ende meines Aufenthaltes. Ein junges, hübsches Mädchen, welches mir mit einem Violinkasten vor dem Konservatorium in Holguin zufällig entgegenkam, hatte ich einfach angesprochen. „Du spielst doch Violine, ich habe ein kleines Geschenk für dich!" Ich weiß nicht, was sie in diesem Moment dachte. Aber sie strahlte und nahm es.

Nach einigen Tagen kam eine Nachricht, ich war längst wieder zu Hause. Sie bedankte sich höflich und herzlich in einer Mail, sie hätten mein Retsina ausprobiert und es sei gut zu gebrauchen. Das freute mich natürlich riesig und ich war auch ein bisschen stolz, immerhin handelte es sich um das Urteil von professionellen Geigern eines Konservatoriums. Diese charmante Antwort konnte ich nicht so im Raume stehen lassen, auch ich antwortete und teilte meine Freude mit, dass mein kleines Geschenk so gut angekommen und registriert worden war. Es folgte ein freundschaftlicher E-Mail-Verkehr zwischen den Kontinenten und ich hatte nun einen Adressaten, wo ich mit weiterem Geigenzubehör, insbesondere teuren Saiten, die ich nicht mehr brauchte, ganz große Überraschungen bereiten konnte. Das Monatseinkommen liegt in Kuba zwischen 10–20 Euro. Einen Satz guter Geigensaiten bekommt man ab (!) 50 Euro. Es ist dann sicher ein sehr wertvolles Geschenk für einen Kubaner, der für und von seinem Instrument lebt. Nun hatte ich auch eine Kollektion verwaister Violinen in meinem Besitz. Ein tragischer Unfall hatte mich leider daran gehindert, das geliebte Hobby weiter auszuführen. So drängte es mich, bei meinem nächsten Besuch in der Stadt Holguin eine echte alte Geige mitzubringen. Es war ein Instrument, welches ich zu früheren Zeiten einmal einem ungarischen Primas während eines Urlaubes abgekauft hatte. Unter dramatischen Umständen hatte ich sie über die Grenze geschmuggelt. Eine Geschichte für sich! Das Instrument hatte an der Schnecke den eingebrannten Aufdruck „Stainer". Ein berühmter Geigenbauer, sicher war es eine Kopie, aber ich hatte mich der Illusion hingegeben, eventuell doch ein echtes „Schnäppchen" bekommen zu haben, denn der Primas hatte in Siofok in einer renommierten Csarda Taverne so wunderbar und hinreißend darauf gespielt. Nun war sie in meinem Besitz und irgendwann hatte ich sie dann mal nach Thailand mitgenommen, weniger für virtuose Geiger bekannt, aber ich hatte sie dort bei Gelegenheit gern gespielt. Und nun war sie mit ihrer bewegten Geschichte im Besitz einer jungen professionellen Geigerin als Geschenk in Kuba gelandet! Die Freudentränen von Yiliana bei der unerwarteten Übergabe werde ich nie vergessen. Inzwischen waren wir Freunde geworden, Eltern, Bruder, netter Großvater. Und erst jetzt konnte ich erleben, dass ich einem jungen Violinstar ganz zufällig begegnet war. Bach, Mozart und Paganini beherrschte sie und es war mir eine große Freude, dass sie nach ein paar Monaten auf meiner Geige, mit meinem Kolophonium ihre Graduation an ihrem Konservatorium mit Bravour abschließen konnte und eine meiner Violinen, mit einer bewegten Geschichte, nicht nur einen Dekorationsstatus an der Wand, sondern eine echte Reanimation erfahren durfte. Die mir überreichte DVD ihrer Abschlussdemonstration am Konservatorium, eben ihre Graduation, wird mir ein wertvolles Geschenk bleiben.

## Strohgeige – was ist denn das?

Chiang Mai- ein wunderschöner Ort in Thailand, kennt jeder Asien Fan. Nun, ich war auch dort. Neben viel exotischem Flair gibt es natürlich auch Geschäfte mit Gerümpel aller Art, ein Antikmarkt, ungeordnete Nippes, exotische Schnitzereien, obskure Gegenstände verstaubt oder poliert und Musikinstrumente, die man schon auf der Straße oder sonst wo gesehen oder sogar gehört hat. Ein auffälliges Instrument erregte meine Aufmerksamkeit. Ein Urgetüm von Geige, besser hätte ich es zu diesem Zeitpunkt nicht bezeichnen können. Griffbrett und Wirbelkasten, mit 4 Saiten bespannt, die sich genau wie bei einer mir sehr wohl bekannten Violine von einem am oberen Teil ausgehendem Saitenhalter fixiert über einen Holzsteg zum Wirbelkasten hin eben über 4 Wirbel teilgewickelt gespannt waren. Der Steg war nicht auf einem hölzernen Resonanzkörper mit klassischer Ausprägung aufgesetzt sondern auf einer Metallkonstruktion, die in ihrer Gesamtheit eher an den Nadelhalter eines alten Schellackplatten Grammophons erinnerte und im Wesentlichen wohl auch so funktionierte. Diese Konstruktion war dann an einen großen Trichter, auch eher wie ein altes Grammophon angeschlossen, in der Gesamtheit eine sehr auffällige Konstruktion. Am liebsten hätte ich das Instrument erworben um es nach allen Seiten zu untersuchen, aus logistischen Gründen war es mir aber zu diesem Zeitpunkt nicht möglich, dies Monster ins heimische Europa zu transportieren. Meine vertraute Violine hatte ich ja ohnehin dabei.

Zurück in Deutschland ließ mir diese eigenartige Entdeckung aber keine Ruhe, es vergingen wohl an die 4–5 Jahre, dann zog es mich wieder nach Chiang Mai. Nun vorbereitet begann ich nach der Suche, wohl an die 20 Instrumentengeschäfte wurden konsultiert, immer mit der gleichen Frage: „You have a violin?", immer in der Hoffnung, außer den mir ja wohlbekannten Violinen vielleicht einmal so etwas exotisches angeboten zu bekommen. Eigentlich hatte ich die Suche schon aufgegeben als ich nun mehr zufällig im Schaukasten ei-

nes Antiquariates mein gesuchtes Instrument, schön dekorativ in einem Glaskasten aufgehängt, entdeckte. Nun wollte ich es gleich kaufen, fragte die Verkäuferin nach dem Preis und wollte natürlich einen Discount erhandeln. Sie meinte, dazu müsse sie ihren Chef fragen, das sei aber ein „German". Na prima dachte ich, und erbat mir das Telefon. Schnell waren wir uns handelseinig, was für mich wichtiger war, nun wusste ich endlich was ich da in der Hand hielt. Das Objekt hatte einen Namen und alles andere konnte ich detailliert bei Google erfragen. Nicht das Material war der Namensgeber, ein Herr Stroh hatte sie um die Jahrhundertwende in London konstruiert. Nicht einfach zu spielen aber auf alle Fälle ein Hingucker und für manche Straßenmusikauftritte in meiner Hamburger Umgebung genau der richtige Blickfang.

## Notfall auf der Straße"

Wir kamen von einem Nachtbesuch. Ein neuer Einsatz stand nicht auf der Liste. Es war wohl gegen 3 Uhr morgens. Um diese Zeit sind die Straßen auch einer Großstadt im Allgemeinen ruhig. Da tauchte unerwartet ein geparkter PKW am Straßenrand auf, neben ihm stand eine wild gestikulierende Frau und forderte unser Taxi zum Anhalten auf. Natürlich hielten wir hinter dem geparktem Wagen. Ich stieg aus. Die Fahrertür war auf und recht aufgeregt ließ mich die Dame wissen, dass es ihrem Mann plötzlich nicht gut ginge. Auf dem Beifahrersitz saß in sich zusammengesackt ein recht adipöser Herr. Seine Gesichtszüge waren in der Dunkelheit nicht gut zu erkennen. Nach der aufgeregten Aussage seiner Frau war es aber offensichtlich, dass es sich hier um ein ganz akutes Geschehen gehandelt haben muss. Man wollte die morgendliche Tageszeitung irgendwo hin bringen, offenbar Routine für dies ältere Ehepaar, da hätte ihr Mann sich ganz plötzlich so eigenartig verhalten und nicht mehr gesprochen. Nun waren wir zufällig vorbei gekommen. Nicht zu irgendeinem Einsatz gerufen sondern zufällig. Natürlich mussten wir aktiv werden. Man kennt ja die notfallmäßigen Abläufe einer solchen Situation, die in vielen Variationen passieren kann. Patient ansprechbar oder nicht, Stabile Seitenlage, Freihalten der Atemwege, Blick in die Pupillen, was macht der Herzschlag usw. Aber ein adipöser Patient, in der Enge eines Kleinwagens ohne funktionierende rückklappbare Liegesitze, feste Kleidung und noch festgeschnallt in seinem Sitz. Dunkelheit. Neben der Straße harter gepflasterter Gehweg. Selbst wenn es gelänge den erschlafften Körper aus seinem Gurt zu lösen, er würde unweigerlich auf den harten Granit plumpsen. Das durfte auch nicht passieren. Es gab offenbar keinen Herzschlag und keine Atmung mehr, soweit das in dieser Zwangssituation erkennbar war. Mund zu Mund Beatmung, versuchte Herzmassage in einer denkbar ungünstigen Position. Diese Aktivitäten waren meinem Taxifahrer natürlich nicht unbemerkt geblieben, der hatte seinen Wagen inzwischen in eine vertretbare Parkposition gebracht und stand etwas verunsichert hinter mir, während ich noch mit der fraglich effektiven Rettungsaktion beschäftigt war. Schließlich eilte er zum Taxi zurück, es war ja nun höchste Zeit, professionelle Hilfe per Funk anzufordern. Nach unendlich lang gefühlten 10- 15 Minuten blinkte das erlösende Blaulicht begleitet durch Martinshorn und durch routinierte Fachkräfte konnte die Reanimation im perfekt ausgerüsteten Notarztwagen fachgerecht weiter geführt werden. Große Personalbefragungen sind in einer solchen Situation nicht passend. Immerhin kann man ja im Nachhinein den weiteren Ablauf erfragen und freut sich, wenn der ganze Einsatz einen glücklichen Ausgang hatte.

## Einsatz im Milieu

Zu meinen Krankenbesuchen hatte ich es gern, wenn ich aus meinem Arbeitskreis eine Begleitung mitnehmen konnte. Eine interessierte Krankenschwester oder eine Arzthelferin. Nicht nur der Unterhaltung wegen, es war durchaus eine Hilfe wenn, während ich mich um die Patienten kümmerte inzwischen umherstehende Angehörige zu den Personalien befragt werden konnten und mir somit die zeitraubende aber notwendige bürokratische Arbeit abgenommen wurde. Gelegentliche Zuwendung der netten Damen, insbesondere bei ängstlichen Kindern oder sonstige Hilfestellungen erleichterten den Ablauf des Besuches, der ja auch oft unter Zeitdruck ablaufen musste. Schließlich hatte ich ja manchmal 2,3 oder mehr wartende Patienten auf dem Zettel.

Es wurde ein Einsatz in der Herbertstraße angefordert. Jeder Hamburger kennt diese kleine Straße in unmittelbarer Nähe der Reeperbahn und weiß, was es damit auf sich hat. Diese war ja nun die wiederum weit über Hamburgs Grenzen hinaus bekannte Vergnügungsstraße im Stadtteil St. Pauli. Es ging in den 2. Stock der angegebenen Hausnummer. Auf dem Flur angekommen, nach der endsprechenden Zimmernummer des Etablissements suchend stellte sich sehr bald eine recht resolut auftretende Dame, eine geschätzte Endfünfzigerin, in den Weg. Was wir hier wollten, was sollten die hier verkehrenden Herren denken, in Begleitung einer durchaus attraktiven Begleitung hier einfach über den Flur zu spazieren und wie ich überhaupt in Damenbegleitung hier hereinkommen konnte. Ob ich nicht wüsste, dass das grundsätzlich nicht erlaubt sei. Nun, es war gar nicht so einfach mit der erregten Dame eine seriöse Diskussionsbasis zu finden, ihr mitzuteilen, dass hier ein Arztbesuch angefordert worden sei und meine Begleitung so selbstverständlich wie mein Arztkoffer zu mir gehöre. Schließlich wurde uns der Zutritt gewährt und der weitere Besuch lief dann relativ unspektakulär ab. Der männliche Dauerbegleiter der Bewohnerin, ein kleiner Hamster hatte ihr in den Finger gebissen. Es gibt schlimmere Verletzungen! – Desinfektion, Notverband, Tetanusspritze, Personalien. Sie wollte sofort und bar bezahlen, darauf bestand sie, so wie es dort im Milieu üblich war.

**novum** VERLAG FÜR NEUAUTOREN

# Bewerten Sie dieses Buch auf unserer Homepage!

www.novumverlag.com

# Der Autor

Gottfried Bruno Resch wurde im Jahr 1938 in Sachsen geboren und begann nach seinem Abitur Medizin zu studieren. 1958 flüchtete er aus der damaligen DDR und setzte anschließend erfolgreich sein Studium in Tübingen und Hamburg fort. Nach dem damals obligaten Jahr bei der Bundeswehr und einigen Jahren Spitalsdienst machte er sich schließlich mit einer eigenen Praxis, der eine 22-Bettenklinik angeschlossen war, selbstständig und arbeitete immer nebenbei als Notarzt.
Neben der Medizin ist er leidenschaftlicher Musiker und Weltreisender.
Er ist verheiratet und Vater dreier Kinder und genießt mittlerweile sein Leben als Rentner mit noch immer gelegentlichen Einsätzen im privatärztlichen Notdienst Hamburg.

# Der Verlag

> *Wer aufhört
> besser zu werden,
> hat aufgehört
> gut zu sein!*

Basierend auf diesem Motto ist es dem novum Verlag ein Anliegen neue Manuskripte aufzuspüren, zu veröffentlichen und deren Autoren langfristig zu fördern. Mittlerweile gilt der 1997 gegründete und mehrfach prämierte Verlag als Spezialist für Neuautoren in Deutschland, Österreich und der Schweiz.

**Für jedes neue Manuskript wird innerhalb weniger Wochen eine kostenfreie, unverbindliche Lektorats-Prüfung erstellt.**

Weitere Informationen zum Verlag und seinen Büchern finden Sie im Internet unter:

w w w . n o v u m v e r l a g . c o m